Lw

Heinrich H. Bernig

# Fallschirmjäger im Kampf

auf Sizilien

Landwehr

Titelseite: Gemälde von Jean Restayn

**Bibliographische Information der Deutschen Bibliothek**
Die Deutsche Bibliothek verzeichnet diese Publikation in der Deutschen Nationalbibliographie; detaillierte bibliographische Daten sind im Internet unter http://dnb.ddb.de abrufbar.

ISBN 10: 3-932381-96-3
ISBN 13: 978-3-932381-96-6



Landwehr-Verlag
Postfach 52, D-24236 Selent

Gedruckt in Österreich

# I.

„Meine Herren, die Zusammenballung der britisch-amerikanischen Streitkräfte im Raum Tunis läßt einwandfrei eine Fortsetzung der alliierten Operationen im westlichen Mittelmeer erwarten. Sizilien liegt für den Gegner jetzt in greifbarer Nähe. Die Wegnahme dieser Insel ist für die Allierten eine wichtige Etappe auf dem Weg zum italienischen Festland. Sizilien ist das Tor, durch das der Gegner in die Festung Europa einfallen wird."

Generalfeldmarschall Kesselring, der Oberbefehlshaber Süd, hatte alle Oberbefehlshaber und Kommandeure der auf Sizilien stehenden deutschen Truppen am 14. Mai 1943 auf dem Flugplatz Gerbini, 18 Kilometer westlich Catania, zusammenkommen lassen. Seine Absicht war, ihnen die nach der Kapitulation in Afrika entstandene Lage zu schildern und die wahrscheinliche Entwicklung aufzuzeigen.

Gleichzeitig aber legte er die Kampfverfahren in dem folgenden Ringen gegen die Alliierten fest. Aus den in Italien stehenden Marschbataillonen und den noch zurückgekommenen Afrikanern waren zwei neue Verbände aufgestellt worden: die 15. Panzergrenadierdivision und die Panzerdivision Hermann Göring. Diese beiden Divisionen würden die Hauptlast des unausbleiblichen Kampfes zu tragen haben.

„Meine 90. Panzergrenadierdivision steht noch auf Sardinien, Herr Feldmarschall", fiel General Lungershausens Stimme in die sich ausbreitende Pause ein.

„Als Flankensicherung steht sie dort richtig. Erst wenn es dem Gegner gelingt, Sizilien zu erobern und schnell nach Süditalien vorzustoßen, muß die Division aufs Festland übergeführt werden."

„Wie und wo wird der Gegner angreifen? Welche Möglichkeiten haben wir, ihm wirkungsvoll zu begegnen?" fragte General Rodt, der Kommandeur der 15. Panzergrenadierdivision.

„An Hand der Erfahrungen der Invasion an der nordafrikanischen Küste konnten wir die offenkundigen Schwächen einer solchen Landungsoperation kennenlernen. Die Bewegung Hunderter Schiffe über See bietet einmal Seestreitkräften und U-Booten erfolgversprechende Ziele. Die Landung selbst mit Landungsbooten auf engem Raum ermöglicht die Bekämpfung durch Luftangriffe und die Erdabwehr von der Küste aus. Ist es uns möglich, an den strategisch wichtigen Küstenabschnitten See- und Erdminen zu legen, kann unsere Abwehr noch entscheidend verstärkt werden. Wenn es Ihnen, General Wild, mit Ihren Fliegern gelingt, die alliierten Jagdflieger niederzuhalten, kann auch die Wirkung der eigenen Luftwaffe vergrößert werden." In der gewohnten Präzision entwickelte

Feldmarschall Kesselring seine Gedanken und Pläne.

„Es wird sich natürlich nicht vermeiden lassen, daß sich der Gegner an der einen oder anderen Stelle des Landungsabschnittes festsetzt", warf General von Senger ein.

„Selbst mit geringen Stoßreserven müßte es uns dann aber gelingen, den Gegner im sofortigen Gegenstoß ins Meer zurückzuwerfen. Aus diesem Grunde habe ich mit General Guzzoni, dem Oberbefehlshaber der italienischen VI. Armee, einen Verteidigungsplan abgesprochen, in dem die Abwehrmaßnahmen für alle in Frage kommenden Küstenfronten festgelegt sind. Einen Punkt dieses Abkommens muß ich auch heute wiederholen. Er ist der wichtigste und lautet:

‚Ganz gleichgültig, ob Sie vom italienischen AOK 6 in Enna, das in Sizilien Befehlsgewalt hat, den Befehl bekommen, oder nicht, Sie alle haben sofort nach Erkennen des Zieles der Invasionsflotte des Gegners den Vormarsch gegen den Feind anzutreten.'"

„Herr Feldmarschall, das sofortige Drauflosmarschieren ist meine Stärke", warf General Conrath, der Befehlshaber der Panzerdivision Hermann Göring, ein. Die Generale lachten. Aber unter diesem Lachen erkannte Feldmarschall Kesselring den unbändigen Willen, hier stehenzubleiben und dem Gegner keinen Meter Boden kampflos zu überlassen.

„Wir müssen jetzt vor allen Dingen versuchen, die Kampfkraft der auf Sizilien stehenden italienischen Verbände durch Zuführung wirkungsvoller Waffen zu heben."

„Ich fürchte, der Gegner wird zu schnell nachstoßen, als daß uns dies möglich wäre. Er müßte schnell nachstoßen, denn jetzt sind wir hier auf Sizilien für einen Angriff des Gegners am wenigsten gerüstet."

„Wenn überhaupt die vier italienischen Divisionen kämpfen, Herr Feldmarschall."

„Generaloberst Guzzoni hat rücksichtslosen Einsatz zugesagt. Dennoch müßten wir — leider — auch die Möglichkeit einkalkulieren, daß wir allein auf uns gestellt sein werden."

„Dann mag Admiral Meendsen-Bohlken schon rechtzeitig genügend Marine-Fähr-Prähme und Siebelfähren an der Straße von Messina bereitstellen", fiel Freiherr von Liebenstein, der Marinebefehlshaber Sizilien, grinsend in die Diskussion ein.

„Wir haben jetzt mit allen Mitteln auf eine Stärkung der Verteidigung hinzuarbeiten, meine Heren. Jeder von Ihnen hat sich mit vollem Einsatz dafür einzusetzen, daß die Insel schnellstens in einen guten Verteidigungszustand versetzt wird. Erstes Gebot ist die Aufstellung von Schweigegeschützen an den neuralgischen Punkten der Süd- und Ostküste und die Bereitstellung von Nachschubgut an den voraussichtlichen Stellen, an denen es verwendet wird. Wir müssen an Munition und Verflegung so viel Vorräte auf der Insel haben, daß wir einen zeitweiligen Ausfall des Nachschubs über See aushalten können. Unter keinen Umständen dürfen wir in die gleiche Lage geraten, wie unsere Afrika-Armee in Alamein."

„Herr Feldmarschall, es wird alles geschehen, was menschenmöglich ist, die Insel zu einer Festung zu machen", fiel General Rodt erneut ein.

„Jeder Tag, den uns der Gegner schenkt, ist für uns ein Gewinn. Mit jedem Tag werden wir stärker. Gehen wir an die Arbeit! Kämpfen wir!"

Die denkwürdige Besprechung des 14. Mai war beendet.

Zwei Tage vor dieser Besprechung, am 12. Mai 1943, vormittags 8.12 Uhr, hatte der Oberkommandierende der deutschen Panzerarmee Afrika, Generaloberst von Arnim, in Tunesien auf dem Flugplatz St. Marie du Zit die Waffenstillstandsurkunde unterzeichnet. 250 000 deutsche und italienische Soldaten gingen in die Gefangenschaft.

Der Krieg mit Afrika war — nach Zeiten eines vermeintlichen Sieges — mit einem „Tunisgrad" zu Ende gegangen. Der letzte Funkspruch, der aus der Funkstelle „Heidemarie" des Flughafens St. Marie du Zit beim Oberbefehlshaber Süd einlief, lautete:

„Wir sind eingeschlossen. Alles ist zum Sprengen bereit. Grüßt die Heimat! Es lebe Deutschland!"

Der Kampf in Afrika, wo seit März 1941 deutsche Soldaten im Einsatz gestanden hatten, war zu Ende.

Bei den Orten Gazala, Bir Hacheim, Tobruk, Marsa Matruk, Bengasi und am Halfaya-Paß, bei Maraua und El Alamein lagen die Gräber der deutschen Soldaten. Sie hatten gegen die Wüste gekämpft: gegen den Gibli und gegen den Schlamm. Dann waren da noch die Gegner gewesen: Briten und Franzosen, Neuseeländer und Inder, Polen und Amerikaner.

Nicht zur Befriedigung irgendwelcher Expansionsgelüste standen sie im Gluthauch der Wüste. Sie alle, die in Afrika kämpften, glaubten für eine gute Sache zu stehen; sie glaubten, die Heimat zu schützen. Denn eines war jedem deutschen Soldaten in Afrika klar gewesen: Würden sie hier geschlagen, dann würden die Alliierten nicht zögern, ihre Streitmacht auf das italienische Festland hinüberzuwerfen.

Gewannen die Alliierten aber Italien, dann hatten sie gleichzeitig die Möglichkeit, von Süden her gegen die Heimat anzutreten und diejenigen deutschen Städte, die jetzt noch verschont geblieben waren, mit ihrem Bombenhagel zu überschütten. Das würde den Tod vieler Menschen bedeuten. Den Tod ihrer Angehörigen, zu deren Schutz sie hier draußen standen.

In den folgenden Wochen trafen noch vier weitere deutsche Divisionen auf dem italienischen Festland ein. Es waren zwei Panzerdivisionen und zwei Panzergrenadierdivisionen.

Der deutsche Geheime Nachrichtendienst hatte in Erfahrung gebracht, daß die Regierungen Englands und der USA eine Invasion auf Sizilien als erste Phase eines Schlages gegen die Achse gutgeheißen hatten. Diese Nachricht beruhte auf Tatsachen. Der Oberbefehl über die alliierte Streitmacht war General Eisenhower übertragen worden. Seine Stabschefs waren: für die Seestreitkräfte Admiral Sir Andrew B. Cunningham; für das Heer General Sir Harold Alexander; für die Luftwaffe Oberluftmarschall Sir Arthur Tedder.

In einer Besprechung in der Villa von General Eisenhower in Algier am 29. Mai, an der neben Premierminister Winston Churchill (der direkt von der Konferenz in Washington hierher gekommen war) auch General Eisenhower selbst, General Alexander, Admiral Cunningham und Oberluftmarschall Tedder sowie alle Truppenführer des Unternehmens teilnahmen, sprach sich Churchill dafür aus, sofort nach der Einnahme Siziliens auf das italienische Festland überzusetzen und die Apennin-Halbinsel schnellstens zu erobern.

Durch diesen Sprung auf das Festland — so argumentierte Churchill — sei Deutschland gezwungen (die Italiener würden selbstverständlich kapitulieren), eine große Anzahl kampfkräftiger Divisionen aus Rußland und vor allem aus Frankreich abzuziehen und nach Italien in Marsch zu setzen.

Dadurch aber habe man einmal der Forderung Stalins nach der Entlastung der russischen Front entsprochen; zum anderen aber — und das sei das wichtigste — würde dadurch das schon geplante „Unternehmen Overlord" unterstützt.

Diese Pläne fanden nicht die Unterstützung des Oberbefehlshabers der alliierten Streitmacht. Auch der amerikanische Generalstabschef Marshal äußerte sich ablehnend dazu.

Als dann am 31. Mai auch General Montgomery, der Oberbefehlshaber der britischen 8. Armee, in Algier eintraf, machte Churchill den Vorschlag, daß acht weitere britische Divisionen unter den Oberbefehl Eisenhowers gestellt würden, wenn er den Sprung zum Festland wage.

Diesmal stimmten Eisenhower und Marshal zu. Der Sprung auf das italienische Festland war damit beschlossen.

Der Angriffsplan gegen Sizilien war in fünf Einzelphasen eingeteilt, die in genau vorgeschriebener Reihenfolge durchgeführt werden sollten.

Die erste Phase lautete: Vorbereitende See- und Luftangriffe, welche die Luftherrschaft über Sizilien und die Ausschaltung der deutsch-italienischen Seestreitkräfte zum Ziele haben.

Zweite Phase: Invasion der Insel von See aus mit dem Ziel, die Häfen und Flugplätze von Licata und Syracusa zu erobern.

Dritte Phase: Errichtung einer festen Basis, von der aus Augusta und Catania erobert werden kann.

Vierte Phase: Durchbruch nach Messina und Abschnürung des Rückweges der deutsch- italienischen Truppen.

Fünfte Phase: Besetzung der gesamten Insel und Entwaffnung des Gegners.

Der Angriffsplan der britischen 8. Armee, die unter dem Oberbefehl von General Montgomery stand, sah vor, daß die 1. britische Luftlandebrigade — die Roten Teufel — am 9. Juli gegen 22.30 Uhr westlich von Syrakus abgesetzt werden sollten, um den Ponte Grande, die wichtigste Brücke über den Anapo, der Syracusa nach Süden schirmte, zu nehmen und die italienischen Küstenbatterien zu besetzen.

Vier Stunden später sollte ein Kommandounternehmen auch die große Küstenbatterie bei Capo Murro di Porco erobern.

Anschließend würde das XIII. Korps südlich von Syracusa landen.

Die 5. Division des gleichen Korps sollte Cassibile nehmen und anschließend mit den Luftlandetruppen gemeinsam auf Syracusa vorprellen.

Die 50. britische Division hatte Befehl, Avola zu besetzen und den Landekopf des Korps gegen deutsche Gegenstöße von Westen und Südwesten zu decken.

In der zweiten Phase des Angriffsplanes der 8. Armee würden — vorausgesetzt, daß alles plangemäß verlief — die 5. und 50. britische Division nach Norden vorstoßen, den Simeto überschreiten und an dessen Nordufer Brückenköpfe errichten. Damit war den Schweren Waffen und den Panzerverbänden der Weg nach Catania geebnet.

Das XXX. Korps hingegen sollte zwischen Portopalo und Pacchino an Land gehen. Diesem Korps waren die 132. britische Brigade, die kanadische 1. Division und die 51. britische Division zugeordnet.

Während die 132. Brigade den Befehl erhielt, vorzustoßen und Fühlung mit dem XIII. Korps aufzunehmen, das ja 30 Meilen weiter nördlich an der Ostküste landen würde, sollten die beiden anderen Divisionen nach der Eroberung von Portopalo und Pacchino einen Landekopf errichten und den Flugplatz von Pacchino besetzen. Sobald wie möglich sollten sie dann den Flugplatz für Landungen weiterer Truppen und als Operationsbasis für die Jäger klarmachen.

Die 7. amerikanische Armee hatte Befehl, zwischen Kap Scaramia und Licata im weitgeschwungenen Golf von Gela zu landen und die Flugplätze Ponte Olivio, Biscari und Comiso zu nehmen, die von Italienern besetzt waren. Diese Plätze sollten unter allen Umständen verteidigt werden, auch wenn die 15. Panzergrenadierdivision, die im Westteil Siziliens im Raum Camporeale stand, versuchen sollte, diese Plätze wieder in Besitz zu bekommen.

Von hier aus hatten die Amerikaner dann die Möglichkeit, die 8. Armee vor Angriffen der 15. P. D. und den italienischen Divisionen abzuschirmen und ihnen die Westflanke freizuhalten.

Sozusagen als Aufgalopp zu diesen Anlandungen hatte General Eisenhower vorgeschlagen, die von den Italienern stark ausgebaute und schwer befestigte Insel Pantelleria zu nehmen und sie für den Hauptangriff auf Sizilien als Basis für die Jägerverbände zu benutzen.

Dieser Vorschlag fand die Billigung der einzelnen Heerführer.

Am 18. Mai begannen die rollenden Luftangriffe auf Pantelleria. Fast pausenlos starteten die Bomber und Kampfflugzeuge von der nordafrikanischen Küste und von Malta aus und deckten die Insel mit einem Hagel von Bomben völlig ein.

Trotzdem waren nach einem über dreiwöchigen Bombardement von den zweiundvierzig betonierten Geschützstellungen auf Pantelleria nur vier ausgefallen. Noch immer war die Insel mit ihrer Steilküste ein von See aus fast uneinnehmbares Bollwerk.

In dieses Bombardement griffen auch Schwere Schiffseinheiten der Alliierten ein. Als General Eisenhower am 9. Juni, zwei Tage vor dem geplanten Angriff auf die Insel, an Bord des Flaggschiffes von Admiral Cunningham, dem Kreuzer Aurora, nach Pantelleria dampfte, sah er, daß das Feuer der Schiffsgeschütze von den Küstenbatterien nicht erwidert wurde. Die Bomber, die im gleichen Augenblick die Insel anflogen, wurden ebensowenig von den vielen modernen Flakbatterien beschossen.

Zwei Tage später meldete der Inselkommandant, General Pavesi, nach Rom, daß die Insel unter Wassermangel leide und sich ergeben müsse.

Mussolini erteilte dem General dazu die Genehmigung.

Als am 11. Juni die 1. britische Infanteriedivision in Sturmbooten zum Angriff auf die Insel zuliefen, ließ General Pavesi die weiße Fahne hissen. Damit hatten die Alliierten kampflos ihren Jägerstützpunkt gewonnen.

Sechs Tage vor dieser Kapitulation hatten Fliegende Festungen B 17, Mitchells und Marauder — Bomber der Mediterranean Allied Air Force unter ihrem Fliegerführer Eaker einen schweren Luftangriff auf La Spezia geflogen. Es war ihnen gelungen, einen Teil der italienischen Großkampfschiffe auszumachen. Das Schlachtschiff Vittorio Veneto wurde schwer beschädigt und hatte hohe Menschenverluste zu beklagen. Die beiden Schlachtschiffe Littorio und Roma wurden leicht beschädigt.

Damit waren drei der schwersten Einheiten von vornherein ausgeschaltet. Der Angriff war ein voller Erfolg gewesen, und die Verluste von elf Maschinen wogen demgegenüber leicht.

Einen Monat später standen dann die alliierten Invasionsstreitkräfte zum Sprung auf Sizilien bereit.

Die Zeitspanne jedoch hatte genügt, Sizilien in einen notdürftigen Verteidigungszustand zu versetzen, wenn auch noch immer zuwenig Soldaten versammelt waren, die Insel gegen die Alliierten auf die Dauer zu halten.

## II.

„Die Jerries werden uns was husten, das kann ich euch flüstern. Die lassen uns doch nicht einfach durch die Insel marschieren und aufs italienische Festland übersetzen. Ich habe sie am Stillstandshügel südlich Tunis erlebt, und das reicht mir."

Sergeant Christopher Bailey, Angehöriger des Sturmregiments der 5. britischen Infanteriedivision, die im Verband der alliierten Invasionsstreitmacht ihren genau vorbestimmten Platz einnahm, griff zu der auf der Back stehenden Flasche Black and White und nahm einen kräftigen Zug.

„Na, Chris, der haut hin, was? Ist genauso stark, als wenn ein Maultier von hinten ausschlägt, oder?"

Der Sergeant hustete und setzte die Flasche ab.

„Der brennt selbst 'nem Messingaffen die Därme durch." Chris Bailey schüttelte sich wohlig. „Ist aber very good gegen Seekrankheit und weiche Knie."

„Hast anscheinend mächtig Schiß vor den Jerries?"

„Vor den Jerries nicht so sehr wie vor ihren schnellen Spritzen von MG. Wenn sie davon ein halbes Dutzend im Landeabschnitt schön übersichtlich eingebaut haben, können wir uns warm anziehen."

„Wo wir landen, sollen doch nur ein paar

deutsche Flakbatterien stehen, und im übrigen die Italiener."

„Die werden uns auch auf die Nase binden, wo sie sind. Schreiben uns wohl noch Ansichtskarten, was?"

„Blödsinn, Chris", warf Budd Shingler wieder ein. „Wenn unsere 1. Luftlandebrigade diesen verdammten Ponte Grande über den Anapo erreicht und die Sprengung der Brücke verhindert, dann werden wir morgen in Syracusa zu Mittag essen: Nudeln mit Tomatensoße und hinterher Gelati und Espresso."

„Oder der Teufel erwartet uns vor der Hölle, Budd. Daß wir nur einfach marschieren brauchen, wie uns General Patton gesagt hat, das kratzt euch nur von der Backe."

„Hoffentlich denkt ihr daran, daß ich etwas gegen Lilien habe. Also: für meinen Kranz nur Vergißmeinnicht."

Im Hintergrund dieses heillosen, wirren Durcheinanders im Bauch des Transporters lachte einer meckernd.

„Du kommst doch bestimmt in den Himmel, Chris."

„Nee, Paul, es gibt überhaupt keine Flügel, die stark genug wären, ein so fettes Ungeheuer wie Chris in den Himmel zu tragen."

„Also hört euch das an!" Anklagend richtete Lieutenant John Perkins den Blick zur niederen Decke empor.

„Hört mit dem Gewäsch auf, das macht einen ja krank", beschwerte sich eine Stimme, die irgendwoher aus dem Labyrinth von Kojen,

Hängematten, klappernden Waffen und Tausenden von Ausrüstungsgegenständen kam.

„Wie spät ist es denn, Budd?" fragte Chris den Kameraden.

Budd hob den Arm und sah auf die Uhr. Das trübe Licht der mit Drahtkörben umspannten Glühbirnen erhellte den Raum nur notdürftig, so daß er den Arm bis dicht vor die Augen heben mußte.

„Gleich Mitternacht!"

„Dann haben wir noch knapp drei Stunden", warf Lieutenant Perkins wieder ein.

„Noch drei Stunden diese verdammte Schaukelei?"

„Die See ist doch vollkommen ruhig, Kinder. Was würdet ihr erst mal sagen, wenn es Katzen und junge Hunde wehen würde?"

„Dann würden wir kotzen wie die Reiher!" Archibald Crone benutzte diesen Ausdruck mit der betulichen Selbstgefälligkeit angeberischer Flegel, die vor alten Landsern zeigen wollen, wie weit sie spucken können. Doch niemand hörte mehr darauf. Das kannten sie an ihrem Archie.

„Kommt, Kinder! Ehe wir vollkommen trübsinnig werden, wollen wir ein Spielchen machen."

„Du willst uns nur noch die letzten Möpse aus der Tasche ziehen, Budd."

Trotzdem setzte sich auch Chris an die Back. Klatschend warf Budd das vom vielen Gebrauch schon speckige Kartenspiel auf die mit rotem Linoleum überzogene Platte der Back.

„Komm auch 'rüber, Paul! Laß deine Spritze

liegen. So bald sind wir noch nicht bei den Jerries, wenn du auch noch so sehr darauf brennst", rief Budd den Kameraden an, der auf seiner Koje liegengeblieben war und sich mit dem Schloß seines LMG beschäftigte.

„Und wie ich darauf warte!" entgegnete der Angerufene. „Ich kann es schon gar nicht mehr erwarten."

Wieder lachte der Landser im Hintergrund, daß sich Budd nervös nach ihm umdrehte.

„Hör mal, Sportsfreund, wenn du dein Clark-Gable-Profil behalten willst, dann stellst du das Lachen besser auf Zimmerlautstärke. Ist das klar?"

„Halt ja die Luft an, du handgestrickter Gartenzwerg!"

Budd wollte auffahren, denn seine geringe Körpergröße war seine schwache Seite. Wenn jemand auch nur mit einem Wort darauf anspielte, dann ging er hoch. Doch Lieutenant Perkins hielt ihn am Arm fest.

„Du gibst, Budd!"

Budd begann zu mischen und warf jedem sein Päckchen Karten zu.

Ab und zu, wenn der Transporter, der durch die glatte See der Straße von Malta nach Norden dampfte, etwas überkrängte, klirrten Waffen und Geräte im Raum gegeneinander. Leicht, in stetigen Bewegungen, arbeitete sich der Transporter durch die See, und gleich ihm liefen im Seeraum südlich Sizilien in dieser Nacht zum 10. Juli dreitausend Schiffseinheiten, vom Schlachtschiff bis hinunter zum Landungsboot, ihrem Ziel entgegen.

Von Licata, an der Westseite des Golfes von Gela, bis nach Syracusa, das auf der gleichen Höhe an der sizilianischen Ostküste liegt, war dieser Küstenstreifen Siziliens von der Invasion bedroht.

In den Bäuchen der Schiffe warteten 160 000 Mann darauf, an Land gebracht und in den Skat geworfen zu werden; gewissermaßen als Trumpfkarte, die gegenüber den zwei deutschen Divisionen auf Sizilien stechen sollte.

4000 alliierte Flugzeuge — Bomber, Kampfflieger und Jäger — schirmten diese bis dahin größte Invasionsflotte des Krieges so vollkommen ab, daß es die deutschen Fliegerverbände schwer haben würden, zum Bombenwurf heranzukommen.

Der Verband des „Marinegeschwaders H", das diese Truppenkonvois decken sollte, bestand aus vier Schlachtschiffen, zwei Flugzeugträgern, vier Kreuzern und achtzehn Zerstörern.

Diese Deckungsflotte hatte sich am 9. Juli im Jonischen Meer bereitgestellt, um den gesamten Invasionsraum gegen die noch immer starke italienische Flotte abzuschirmen.

Als Reserven, die an die Brennpunkte geworfen werden konnten, standen zwei weitere Schlachtschiffe, drei Kreuzer und sechs Zerstörer zur Verfügung.

Noch wußten ja nicht einmal die deutschen Stellen, daß die italienische Flotte — mit Ausnahme der tapferen U-Boots-Besatzungen — keinen Schuß abfeuern würde.

Vom alliierten Oberbefehlshaber der Seestreitkräfte, Admiral Cunningham, wurden ferner zwei Marinegruppen aufgestellt, die zur Niederkämpfung der Küstenbatterien eingesetzt werden sollten.

Unter Kommodore Agnew bildete das 12. Kreuzergeschwader die erste Gruppe. Die zweite Gruppe wurde aus dem 15. Kreuzergeschwader unter Konteradmiral Harcourt gebildet.

Von ihren zwölf Flugplätzen rund um Kairouan startete am 9. Juli gegen 19 Uhr die erste britische Luftlandebrigade. Die 1600 Männer dieses ersten Treffens wurden in 135 Schleppzügen zur Insel geschafft. Die 2700 Fallschirmjäger der 82. Airborne-Division, die sich später während des „Unternehmens Overlord" so auszeichnen sollte, folgte in Dakota-Maschinen.

Den Fallschirmjägern der 1. britischen Luftlandebrigade gelang es mit nur 73 Mann, den Ponte Grande über den Anapo, zwei Meilen südlich Syracusa, zu erreichen und sich darauf festzusetzen.

Die Fallschirmjäger der 82. Airborne-Division jedoch sprangen in viel zu weitem Zwischenraum zueinander. Von den 108 Gleitflugzeugen stürzten 51 in die See, weil das heftige Flakfeuer die Piloten der Dakotas veranlaßte, die „Glider" zu früh auszuklinken und dann schnellstens abzudrehen. 24 weitere Lastensegler wurden vermißt; sechs wurden von der deutschen Flak abgeschossen.

*

„Fertigmachen!"

„Vergiß nur deine Spritze nicht, Paul. Wo du sie so fein fertiggemacht hast", rief Chris, während Budd die Karten zusammenraffte und in seiner Hemdtasche verschwinden ließ.

„Los, macht schon hin, sonst ist der Transporter auf Dreck gelaufen, ehe wir in die Boote gegangen sind!" trieb Lieutenant Perkins sie zur Eile an.

Metall klirrte gegen Metall, Flüche schallten durch die Decks des Transporters, und hintereinander kletterten die Männer an Oberdeck.

„Erster Zug hierher! Boot eins!" schrie Lieutenant Perkins.

„Ja, doch, ja!"

Die Boote wurden ausgefiert. Vor sich, noch weit voraus, erkannte Christopher Bailey den dunklen Streifen der Küste. Unheimlich dunkel und drohend sah dieser schwarze Streifen aus.

Noch war kein Schuß gefallen. Überall aus der Nacht hörte Chris die Geräusche der Schiffsmaschinen. Es dröhnte und wummerte. Schrauben schlürften und jankten, Motoren klopften, und von der Brücke hörten sie die Meldung des Ersten Wachoffiziers, der dem Kommandanten meldete, daß der Transporter genau die richtige Position erreicht habe.

Schlagartig verstummten die Schiffsmaschinen, und das rhythmische Stoßen und Wiegen hörte auf.

„'rein ins Vergnügen!" sagte Paul Moore, ehe er ins Boot sprang, das zu Wasser gelassen wurde.

Zwei Minuten später sprang der Motor des

Landungsbootes an, und tuckernd trieb er das „Bügeleisen“ der Küste entgegen.

Mit einem Schlage schien die Stille der Nacht in Tausende und aber Tausende von Fetzen zu fliegen. In einem weiten Halbkreis begannen alle Schiffsgeschütze zu feuern. Zuerst die Mittelartillerie, und dann die Schweren Türme.

Im Salventakt feuerten die Schiffsgeschütze, und ganze Flammenwände schossen aus den Rohren und erhellten die Nacht. Weit voraus an Land sprangen die ersten Detonationspilze in den Himmel empor.

„Meine Güte! Verdammt viel Eisen in der Luft“, rief Budd, um dann gleich den anderen zu verstummen und in das Wetterleuchten dieser ungeheuren Beschießung hinauszustarren.

Die Dutzende von Geschützen vom Kaliber 30,5 cm und 35,6 cm schickten ihre Riesenkoffer durch die Nacht, und wo sie an Land in den Boden hieben, dort schlugen sie alles zusammen.

Dann fielen auch die 28-cm-Türme der Kreuzer ein, und den Schluß machten die näher als die Kreuzer und Schlachtschiffe vor der Küste kreuzenden Zerstörer.

Es war den Männern in den mit acht Meilen Fahrt durch die glatte See gehenden Landungsfahrzeugen, als wüte vor ihnen an Land ein fürchterliches Erdbeben. Kreischender Stahl schmetterte gegen die Bunker, riß Drahtverhaue in die Höhe, daß sie gleich geflügelten Drachen aus grauer Vorzeit durch die Luft segelten. Rauch, Flammen und Stahlregen bildeten einen Streifen des Chaos. Erde, Menschen und Waffen wurden von den Gluteruptionen erfaßt und in die Luft geschleudert, um vernichtet auf den gepeinigten Boden zurückzustürzen. Alles, was die Männer sahen, war zu einer einzigen Kakophonie des Todesgrauens verwandelt worden.

„Jetzt müssen die drüben doch so langsam gemerkt haben, daß hier was los ist", versuchte Budd das Arbeiten des Motors und den rollenden Donner der Abschüsse zu übertönen. Aber so sehr die Männer in den vorwärtstuckernden Landungsbooten auch befürchteten, daß das Feuer erwidert werden könnte, die Antwort auf diese gewaltige Kanonade blieb fast ganz aus.

„Da, Lieutenant!"

Vor ihnen an der höher herangekommenen Küste blitzte es auf, und kurze Zeit später hörten sie die sich schnell steigernden Geräusche der durch die Luft näher orgelnden Granaten.

„Die haben u n s drauf!"

Die erste Granate schlug dreihundert Meter schräg rechts vor ihnen in die See. Dann kam eine Lage von drei Granaten gleichzeitig.

Zwei dieser Granaten schlugen mittschiffs und achtern in das hundert Meter halbrechts vor ihnen laufende Landungsfahrzeug hinein.

Entsetzt stierte Lieutenant Perkins auf das Landungsboot, das sich plötzlich mit einer verblüffenden Leichtigkeit achtern aus dem Wasser hob. Sekundenlang sahen alle Männer im flackernden Schein des Artilleriefeuers, wie die Schraube — aufblitzend — nutzlos rotierte.

Dann stand das Landungsfahrzeug fast senkrecht mit dem Bug nach unten, und mit einem solchen Ruck, daß es aussah, als würde es von einer unbekannten gigantischen Kraft weggezogen, verschwand es in der Tiefe.

Ein paar Männer trieben auf dem Wasser, und mitten im kreiselnden und wirbelnden „Schlucker" drehten sich ebenfalls schwarze Punkte auf den Wellen, um gleich darauf von dem Sog in die Tiefe gezogen zu werden.

Das eigene Landungsboot beschrieb einen leichten Bogen, um sich um die Bergung der im Wasser schwimmenden Schiffbrüchigen zu bekümmern. Doch im gleichen Augenblick, als sie von ihrem Kurs ausbrachen, quäkte es im Sprechgerät, das Sergeant Poole bediente:

„Alle Boote laufen auf vorgeschriebenem Kurs weiter! Bergung übernimmt Transporter!"

Das Landungsboot glitt wieder in den alten Kurs zurück. Für einen Augenblick sah Budd Shingler ein paar Gesichter keine fünfzig Meter entfernt an Backbord auftauchen. Er sah, wie Arme geschwungen wurden und hörte das Geschrei seiner Kameraden zu sich herüberschallen.

„Aber wir können sie doch hier nicht abbuddeln lassen, Lieutenant! Wir müssen helfen! Ehe der Transporter kommt, sind sie doch schon lange untergegangen. Damned! Es sind Verwundete dabei."

Lieutenant Perkins zuckte die Schultern. Budd hämmerte mit den Fäusten auf die Reling. Er sah, wie die treibenden Männer zurückblieben, sah im zuckenden Schein der Abschüsse die aufgerissenen, anklagenden Münder, ahnte das Entsetzen, das diese Unglücklichen gepackt hatte. Dann waren sie vorbei.

Näher und näher kam das Land. Unbekannte Gefahren erwarteten sie dort vorn. Wenn die Deutschen dort auf den Klippen und Höhen lagen und zu feuern begannen, sobald sie den Strand erreicht hatten, dann würden sie von der Erde und aus dem Leben weggefegt werden.

Ein großer Bomberverband flog von Malta aus über ihre Köpfe hinweg nach Norden. Der Donner der Motoren überdröhnte für wenige Sekunden das Feuer der Geschütze und das Hummeln der eigenen Antriebsmotoren.

Ein Zerstörer kam von backbord her, etwas vorlicher als querab, auf. Ein paar kurze Lichtsignale blitzten von seiner Brücke durch die Nacht und ließen den Kommandanten des Landungsbootes blitzartig stoppen.

Mit über dreißig Meilen Fahrt dampfte der Zerstörer an ihnen vorüber. Alle seine Türme und die einzelnen Geschütze waren auf die Küste gerichtet.

Als der Zerstörer eine volle Salve schoß, legte er sich so weit nach Feuerlee über, daß Chris glaubte, er müsse mit der niedergehenden Reling Wasser schöpfen.

Doch dann richtete sich der Zerstörer wieder auf und war auf ihrer Höhe. Der wilde, hochaufgischtende Schnauzbart vor seinem Bug leuchtete im Mondlicht. Die Hecksee quirlte und schäumte gewaltig. Dann traf die Bugsee des mit AK laufenden Zerstörers das Landungsboot genau vorn. Ein dichter Sprühregen fiel auf die Männer, als sich die Welle vorn am Bug brach.

„Haltet die Läufe zu!" schrie Lieutenant Perkins in das Tohuwabohu hinein. Gleich darauf hatte der Zerstörer sie schon passiert und feuerte abermals eine Breitseite.

In diesem Augenblick kam es aufs neue herangeheult. Drei schwere Koffer hieben auf den Zerstörer nieder, und aus dem Pulverdampf, der den Zerstörer wie eine Tarnkappe umgab, brachen rotzüngelnde Flammen heraus. Dann schlug der dreifache Detonationsschlag mit fürchterlicher Wucht gegen die Trommelfelle der Männer und machte sie für Sekunden vollkommen taub.

Genau vor der Brücke des Zerstörers wirbelten träge dicke Rauchwolken in die Höhe, überstiegen von Funkenschleiern, die auf die Brücke fielen.

Abermals heulte es heran. Die röhrende Granate schlug mitten in die Brücke des Zerstörers hinein und warf sie wie eine winzige Streichholzschachtel in die Luft. Ein unbeschreibliches Durcheinander blieb zurück. Die Männer, die der eigenen Landung mit Unbehagen entgegensahen, vergaßen sie über diesem gespenstischen Anblick des brennenden, weidwunden Zerstörers.

„Da kommen andere!" schrie Budd durch das Getöse.

Herumfahrend sahen auch die anderen Männer die drei Zerstörer, die sich bis dicht an das brennende Kameradenboot heranarbeiteten, um die von Bord gehenden Schiffbrüchigen aufzunehmen. Dabei feuerten sie ununterbrochen weiter auf die Küste.

Und wie diese Zerstörer, so feuerten alle anderen Schiffe. Die Küste war seit Minuten schon zu einem mit feuerspeienden Vulkanen übersäten Stück Land geworden, in dessen Wirkungsbereich alles dem Tode ausgeliefert war.

„Verdammt, verdammt!"

Budd Shingler sah, wie die Detonationen aus dem Bauch des getroffenen Zerstörers herausbrachen und das Schiff der Royal Navy auseinanderrissen. Das Bersten der Schotten klang noch immer bis zu ihnen herüber, obgleich sie unablässig weitergelaufen waren und die Küste fast schon erreicht hatten. Knallend sprangen die genieteten Decksplanken auseinander.

Das aus den Treibstoffbunkern auslaufende und aus den Leitungen emporspritzende Öl entzündete sich mit einem jähen Schlage, und wenige Sekunden nach diesen aufspringenden roten Springbrunnen und wehenden Flammenfahnen war der Zerstörer ringsum von einem niedrigen roten Teppich aus Feuer umgeben.

Schwarzer, undurchdringlicher Qualm stand darüber. Wie eine ausgezackte, hohe, unüberwindliche Palisade sah er aus.

Mitten aus diesem undurchdringlichen Qualm aber hämmerten mit einem Male harte Detonationen. Dort, wo das Heck des Zerstörers liegen mußte, brachen diese Detonationen empor und rissen nun auch das Heck in Fetzen.

„Die in den Racks liegenden Wasserbomben

sind detoniert!" überschrie Lieutenant Perkins das Getöse.

Stahl wirbelte durch die Luft, und gleichsam spielerisch wurden die Wasserbombenracks von Deck losgerissen und in die See geschleudert. Daran aber, daß das Feuer plötzlich erlosch und nur noch die niedrige Flamme des auf der See stehenden brennenden Öls zu sehen war, erkannten die Männer, der der Zerstörer gesunken war.

„Achtung, bereithalten!"

Riesiggroß wuchs der Strand vor den Männern auf.

„Hast du auch die Brust gewaschen, Budd?"

„Scheint nichts los zu sein dort. Noch immer kein Feindfeuer ... Und die dort feuern doch nur auf unsere Schiffe", sagte er abschließend, als wieder drei Koffer über ihre Köpfe hinweg seewärts orgelten.

Jetzt, keine dreihundert Meter mehr vom Strand entfernt, erkannten sie plötzlich, daß sich das Feuer aller Schiffsgeschütze auf diese eine feuernde Schwere Küstenbatterie konzentrierte. Sie erkannten die vollen Breitseiten der Zerstörer. Weiter zurück sahen sie die Schweren Türme der Kreuzer feuern, und noch weiter hinten — nur am Mündungsfeuer erkennbar — fielen zwei Schlachtschiffe in die Niederkämpfung der Feindbatterie ein, die als eine der wenigen das Feuer auf den anstürmenden Gegner eröffnet hatte. Knirschend schob sich der Bug des Bootes über Grund. Sofort stoppte es.

„'raus und folgen!"

Die Rampe wurde von den beiden Marinern

heruntergeklappt, und Lieutenant Perkins sprang als erster in das ihm bis an die Hüften gehende Wasser. Eine vom Strand rücklaufende Welle sprang ihn an, doch er war darauf gefaßt. Hinter sich hörte er Platschen und Fluchen, als er sich dem Land näherte.

Das Wasser wurde schnell flacher. Als es nur noch knöcheltief war, begann der Lieutenant zu laufen.

Atemlos kamen sie am Strand an. Und noch immer hatte kein deutsches Maschinengewehr gefeuert.

„Mensch, seht euch das an!"

Links und rechts von ihnen, so weit sie sehen konnten, war der Strandstreifen von landenden Fahrzeugen bedeckt. Links und rechts von ihnen liefen ihre Kameraden gleich wild gewordenen Ameisen dem Strand und der Dekkung der Dünen entgegen.

Von Land her — aus der Richtung der Batterie — erklang eine fürchterliche Detonation; dann noch eine. Diese gewaltigen Schläge überdröhnten selbst das wahnsinnige Heulen und Orgeln der landwärts fliegenden Granaten.

„Sie haben die Batterie! Kinder, sie haben sie zum Schweigen gebracht!"

Mitten in den Ausruf Pauls kam eine einzelne Granate von Land her über sie weg seewärts geflogen und hieb unmittelbar vor einem zweihundert Meter weit draußen liegenden Landungsboot ein. Der Einschlag hob das Boot aus dem Wasser und kippte es um. Flammen sprangen empor.

Dann waren sie in die Deckung der Felsen gekommen und sammelten sich.

„Wenn jetzt die Germans kämen, Kinder!"

„Halt die Schnauze! Die kommen immer noch früh genug."

Als sei dies das Signal gewesen, begann es mit einem Schlage aus einem Dutzend Rohre halbrechts über ihnen gleichzeitig zu feuern. Gelbe, rote und grüne Leuchtspurfäden zischten zu ihnen hinunter und schlugen in die zweite anlandende Welle hinein. Gestalten taumelten und stürzten in die See, um sich nie wieder zu erheben. Ein Chaos bahnte sich an dieser Stelle des Landeabschnittes an.

Mit ratternden Stößen schickten die vier 3,7-cm-Vierlinge der Leichten Flakbatterie, die hier ihren einsamen Posten bezogen hatte, ihre Geschosse zum Strand hinunter. Sechzehnmal 75 Schuß peitschten in jeder Minute, die in die Vergangenheit tickte, in den Strand und lösten an dieser winzigen Stelle des großen Landestreifens eine Art Panik aus.

„Perkins, Lowell! Sie gehen mit Ihren Männern hier entlang des Dünenstreifens hoch. Bei Doppelschuß Rot greifen Sie die Feindbatterie an."

„Yes, Sir!"

Noch ehe Lieutenant Perkins diesen Befehl wiederholt hatte, war der Lieutenant-Colonel weitergelaufen, um auch den Nachbarzug zu instruieren.

„Waffen aufnehmen und folgen!"

„So ein verdammter Mist!" fluchte Archie, nahm die Munitionskästen und stolperte hinter

Paul Moore, seinem Schützen I, her, der das MG geschultert hatte und dem Zugführer folgte.

Sie stapften durch den feinen, knöcheltiefen Sand, der sie festzuhalten schien. Als sie eine Seitenrinne erreichten, schwenkten sie darin ein.

Fast schien es so, als sollten sie ungesehen in ihre Ausgangsposition gelangen. Aber noch trennte sie hundertfünfzig Meter von der Dekkung bietenden Felsbarriere, als mit einem Male eines der Geschütze in direktem Beschuß auf sie einhämmerte.

Budd sah, wie eines der Geschosse den Lieutenant von den Beinen riß. Er wollte sich hinwerfen. Doch die knallrote riesige Schlange des Dauerfeuers erreichte ihn um den Sekundenbruchteil früher, der hier über Leben und Tod entschied, und löschte auch sein Leben mit einem Schlage aus.

Als das Feuer nach dreißig Sekunden verstummte, lebte kein Mann des Zuges mehr. Zu überraschend waren sie von diesem Vernichtungsschlag erfaßt worden.

Der zweite Zug unter Lieutenant Lowell hatte sich rechtzeitig in Deckung gebracht. Lieutenant Lowell riß dem Sergeanten das Sprechgerät aus der Hand.

„Hier Sturmregiment. Feindlicher Widerstand auf Position GX 12. Feindliche Flakbatterie. Entfernung vom Strand sechshundert. Legt Anlandung lahm. Erbitten Feuer auf Position GX 12."

Noch hatten sie sich nicht weit genug zurückgezogen, als das Feuer der Kreuzer, das sich auf das letzte noch feuernde Geschütz der Schweren Schweigebatterie konzentriert hatte, umschwenkte.

Die Erde wurde vor ihnen aufgerissen. Noch feuerten die vier Vierlinge auf den Strand. Dann aber hatten sich die Geschütze eingeschossen.

In einem wüsten Vernichtungswirbel, der die Batterie wie ein Tornado traf, wurden Geschütze, Richtgeräte und Munitionsstapel getroffen. Die Erde wankte unter dem Einschlag der schweren 28-cm-Granaten. Sie spie alles Leben in die Luft, und als das Feuer der Kreuzer wieder auf das schwere Küstengeschütz einschwenkte, befand sich dort, wo die Dreisieben-Batterie gestanden hatte, ein tausend Yard im Quadrat messendes Trichterfeld, in dem die Einschläge dicht bei dicht lagen.

So wie dieses Widerstandsnest wurden die wenigen Widerstandsnester an der Küste durch Schiffsartillerie und Bombenangriffe niedergekämpft. Die meisten Küstenbatterien aber schwiegen. Sie griffen nicht in den Heldenkampf der wenigen feuernden Geschütze ein. Die 5. britische Division marschierte.

Die italienische Division Napoli, die diesen Küstenabschnitt bewachte, wurde von diesem Feuer in alle Winde zerstreut. Sie löste sich buchstäblich in Nichts auf. In viele einzelne Gruppen verstreut, desertierten die Soldaten, ohne auch nur den leisesten Versuch zu machen, den landenden Gegner aufzuhalten.

Daß dennoch die italienische Presse vom „siegreichen Vorgehen der Division Napoli“

schrieb, war einer der Treppenwitze der Geschichte.

Und wie diese Division, so kapitulierten fast alle anderen Einheiten und begrüßten die Alliierten als Befreier.

Die Kapitulation der Festung Augusta traf besonders schwer. Ihr Kommandant — Admiral Leonardi — schloß einen geheimen Waffenstillstand mit den Alliierten. In der Presse aber hieß es:

„Der Heldenkampf des Admirals Leonardi und die Tapferkeit der Festungsbesatzung ist beispiellos."

Das war die auf den Kopf gestellte Wahrheit. Aber es gab diese Heldenkämpfe italienischer Einheiten, und sie sollen hier nicht verschwiegen werden.

## III.

„Was ist los, Sottotenente?"

Leutnant De Vira schnellte herum, als er die Stimme seines Batteriechefs hörte, der in den Feuerleitstand gekommen war.

„Überall Schiffe, Capitano! — Nichts als Schiffe!"

„Zeigen Sie her!"

Hauptmann Pino Mellina, Batteriechef der Schweren 21-cm-Küstenbatterie, klemmte sich hinter das Scherenfernrohr und stellte die Optik ein wenig nach. Was er sah, ließ ihn einen Fluch durch die Zähne zischen.

„Haben Sie die Schußwerte ermittelt, De Vira?“ Der Leutnant nickte. „Gut, geben Sie sie sofort an die Geschütze durch. Wir erwidern das Feuer der feindlichen Schiffsgeschütze.“

„Aber es hat uns noch niemand den Feuerbefehl gegeben, Capitano.“

„Vor uns steht die alliierte Invasionsflotte, De Vira. Da braucht uns auch niemand einen Befehl zu geben, da wissen wir selber, was wir tun müssen ... Und ich hoffe, daß es auch die anderen Batteriechefs wissen“, setzte Hauptmann Mellina hinzu.

Die drei Schweren Geschütze der Schweigebatterie meldeten klar.

Hauptmann Mellina sah auf die Uhr. Es war 2.42 Uhr. Seit drei Minuten feuerten die Geschütze der gewaltigen Schiffsarmada, die hier vor der Küste erschienen war. Er wußte genau, was ihn erwartete, wenn nicht auch alle anderen Geschütze in diesem Küstenabschnitt feuerten. Wenn die Geschütze von Augusta und Syracusa, von Avola und die weiter südlich liegenden Batterien schwiegen, dann würde sich das Abwehrfeuer auf ihn allein konzentrieren.

Capitano Mellina hob den Hörer, der ihn mit den drei Geschützbunkern verband. Dann kam sein Befehl:

„Batterie — feuern!“

Aus den Langrohrgeschützen spritzten die Flammen des Mündungsfeuers. Die erste Salve der 150 Kilo schweren Granaten, die in der Lage waren, auch noch weiter entfernt stehende Ziele als die alliierte Invasionsflotte zu erreichen, verließ die Rohre und heulte dem Gegner entgegen, der in diesem Augenblick die Landungsboote zu Wasser ließ.

Durch die Optik des Feuerleitstandes sah Hauptmann Mellina die drei Einschläge dicht vor den Transportschiffen aus der See steigen.

„Duecento piu — zweihundert mehr!" befahl er leidenschaftslos und entschlossen.

Die Richtkanoniere der drei Geschütze korrigierten die Rohrerhöhung. Die zweite Salve verließ die Rohre, und Hauptmann Mellina erkannte einen Treffer auf einem der Landungsboote. Im gleichen Augenblick aber sah er bei den vor der Küste auf und ab stehenden Zerstörern die ersten Breitseiten aufblitzen. Wenig später heulte es heran. Die ersten 12,7-cm-Granaten schlugen in die Batteriestellung hinein.

„Die werden unsere Geschütze zur Sau machen, Capitano!"

Leutnant De Vira hatte seinen Platz wieder eingenommen und starrte auf die See hinaus, wo auf der ganzen Breite seines Sichtbereiches die Mündungsfeuer der Abschüsse aufpeitschten, wieder in sich zusammenfielen, um dann abermals in die Höhe zu schnellen und die Nacht mit krankem, flackerndem Licht zu erfüllen.

„Dazu sind sie ja gemacht worden, Sottotenente. Aber die drei Bunker werden halten. Die Deutschen haben beste Arbeit geliefert."

Donnernd krachte die nächste Salve. Eine dichte Wolke von Pulverdampf hatte sich über die Batterie gelegt und wurde mit jeder abgeschossenen Salve dichter und undurchdringlicher.

„Da kommen noch mehr Schiffe, Capitano. Zerstörer und Kreuzer!"

„Lassen Sie das Feuer auf die Zerstörer umlegen!"

Die Geschütze schwenkten ein und hämmerten auf die kreuzenden und ihre Breitseiten auf das Land feuernden Zerstörer ein.

„Treffer, De Vira. Gut so! Weiter so!" schrie Hauptmann Mellina, plötzlich seine durch eiserne Selbstdisziplin erzwungene Ruhe verlierend. Gebannt sah Pino Mellina mittschiffs und achtern bei dem aufgefaßten Zerstörer schwarze Qualmwolken aufsteigen. Flammen schlugen aus dem Qualm in die Höhe.

„Wasserbomben detonieren. Der Zerstörer fällt aus dem Kurs", meldete Leutnant De Vira.

Hart hämmerten die Abschüsse der nächsten Salve hinaus.

Zackend und dicke Nebelwände aus ihren Düsen am Heck zwischen sich legend, schwarz qualmend und immer wieder den Kurs ändernd, versuchten die Zerstörer noch näher aufzudampfen, um mit den Breitseiten ihrer 12,7-cm-Türme auch voll zum Tragen zu kommen.

Nun schmetterten alle Schiffsgeschütze gleichzeitig. Der Donner rollte und schien nicht abreißen zu wollen. Ganze Granatenlegionen heulten dem Land entgegen, das zu erobern die bis jetzt größte Landungsflotte der Geschichte ausgelaufen war.

Unter dem Feuer der Schiffsgeschütze aber, im Schutz dieser höllischen Feuerwalze, die über die wenigen feuernden Geschützstellungen an Land hinwegrollte, welche die Drahthindernisse und die wenigen Minenfelder an der Küste hochgehen ließ, legten die Landungsboote überall von den Mutterschiffen ab.

160 000 alliierte Soldaten strebten auf diese Weise der Insel entgegen, die für sie das Tor zur Festung Europa bedeutete, in das einzubrechen sie ausgeschickt worden waren.

Die ersten Amphibienpanzer schwammen los, um die Strandverteidigungen anzugehen und im Kampf Geschütz gegen Geschütz die Widerstandsnester zu vernichten. Die Raketenkanonen der Begleitboote feuerten auf alles, was sie sahen. Und das war wenig genug.

Der Hauptteil der italienischen Küstenbefestigungen leistete keinen Widerstand. Batterien wie die von Hauptmann Mellina gab es wenige. Diese aber kämpften mit dem Mute der Verzweiflung gegen ein Geschick, das sich jede Sekunde an ihnen erfüllen konnte, sobald sich das Feuer der Schiffsgeschütze erst völlig auf sie konzentrierte.

Kommodore Agnew, der Befehlshaber des 12. Kreuzergeschwaders, stand auf der Brücke seines Flaggschiffes, dem Kreuzer Cleopatra. Noch ahnte niemand von der Besatzung, daß dieses auf die Schwere Küstenbatterie feuernde Schiff sechs Tage später durch einen Viererfächer des italienischen U-Bootes „Dandolo", unter dem tapferen Draufgänger Korvettenkapitän Turcio, ostwärts Syracusa versenkt werden würde.

Kommodore Agnew hatte sein Geschwader befehlsgemäß in die Position gebracht, die nötig war, die feindlichen Küstenbatterien niederzuhalten und sie zu vernichten.

Bei jeder Breitseite der im Salventakt feuernden Türme legte sich der Kreuzer weit nach Feuerlee über. Pausenlos ratterten die Munitionsaufzüge, und die Munitionsmanner schufteten wie die Wilden. Sie rissen die Granaten und Kartuschen aus den Racks und beluden die Aufzüge. Alle — selbst die Freiwache — arbeiteten wie die Besessenen.

Die Geschütze brauchten dringend Munition, um im Salventakt weiterfeuern zu können.

Keine halbe Seemeile Steuerbord querab von der „Cleopatra" stand der Kreuzer „New Foundland". Auch er feuerte im Salventakt. Und so geschah es auf allen Schiffen des Verbandes.

Und wie die „New Foundland" jetzt neben der „Cleopatra" lag, so würde sie sich am 23. Juli neben der „Cleopatra" auf den Meeresgrund vor Syracusa legen, von den Torpedos des deutschen U-Bootes „U 407" in die Tiefe geschickt, aus der es keine Wiederkehr gab.

Die Männer im Innern des Kreuzers verspürten die Erschütterungen der Abschüsse. Sie hörten die Einschläge der schweren Granaten der Küstenbatterie und auch die Detonationen auf dem getroffenen Zerstörer, ohne auch nur das Geringste zu sehen. Von allem abgeschlossen, standen sie auf ihren Stationen in der Ungewißheit und versahen ihren Dienst, während über ihnen der Tod seine Ernte hielt. Kam das

Krachen von einem Treffer, oder waren es die Abschüsse der eigenen Türme? Sie wußten es nicht.

„Funkraum an Brücke, Funkraum an Brücke", begann der Lautsprecher auf der Brücke, der den Kommandanten mit dem Funkraum verband, zu quäken. „Funkspruch von Commander Nemey: ‚Erbitten Schwere Einheiten zur Unterstützung gegen Schwere Küstenbatterie, welche die Feuerunterstützung der landenden Invasionstruppen durch Zerstörer erschwert. Zerstörer »Woodruff« gesunken. Treffer auf Zerstörer »Jamaica«.'"

Kommodore Agnew überlegte eine Sekunde. Dann kam sein Befehl:

„An alle Einheiten des 12. Kreuzergeschwaders: Feuer auf Küstenbatterie im ‚Strandabschnitt Roger' eröffnen. Feuern bis zur Vernichtung der Feindbatterie. Ende."

Fast gleichzeitig drehten sich die Türme der Kreuzer in die Richtung, aus der es jetzt eben abermals aufgrellte und drei Granaten auf die See hinausheulten. Die Rohre schwenkten ein. Feuer schlug aus den Mündungen, und die Granaten orgelten der Küste zu.

Aus allen Geschützen wurde der kleine Punkt an der Küste unter Feuer genommen, von dem aus hier allein nennenswerter Widerstand geleistet wurde: die Schweigebatterie von Capitano Pino Mellina.

Immer dichter fielen die Granaten auf diesen Flecken Erde nieder. Im Salventakt versuchte das Kreuzergeschwader die Geschütze an der Küste zum Schweigen zu bringen.

Maresciallo (Feldwebel) Lucio Bergoli, der Geschützführer im Bunker I, sah, wie der Richtkanonier die Korrektur durchführte, die eben vom Feuerleitstand aus durchgegeben wurde. Im Innern des riesigen Betonklotzes dröhnten die in der Runde um die Batterie niedergehenden und einhauenden Granaten, als schlage ein Teufel auf eine riesige Pauke.

„Geschütz fertig!"

„Feuer!" befahl der Feldwebel.

Die Mündungsflamme blaffte und erhellte durch den Spalt des Bunkers das Innere, in dem die Bedienungsmannschaften schufteten.

Flüche gellten, Stahl rasselte. Die nächste Granate schwebte in ihrem Greifer heran, wurde eingesetzt; der Greifer glitt zurück, um den nächsten Stahlklotz zu holen. Der Verschluß des Geschützes schnappte zu.

Donnernd hallte der Abschuß in den Einschlagwirbel hinein.

Das Feuer auf den Bunker I, von dem aus der tödliche Treffer auf den Zerstörer abgefeuert worden war, wurde stärker. Die Männer an ihren Geschützen spürten, wie die Erde bei jedem Einschlag bebte. Dem Apuntato Paolo Corsaro am Richtgerät war es, als wanke selbst der dicke Bunker, dessen Wände und Decke aus vier Meter bestem Beton bestanden. Als er hörte, daß ihm der Maresciallo etwas zurief, riß er sich zusammen. Er führte die von ihm geforderten Handgriffe durch. Er drückte Knöpfe, las Skalen ab, und immer tiefer fraß sich die Furcht in ihn ein und begann, seine Entschlußkraft zu lähmen.

„Nur nicht durch die Scharte!. Keinen Treffer in die Schießscharte", betete er.

Die Schießscharte, in der sich das Geschützrohr bis 180 Grad horizontal und 60 Grad vertikal drehen konnte, war der neuralgische Punkt des Bunkers. Ein Treffer eines schweren Schiffsgeschützes, und — aus.

Mit unerhörtem Schlag barst rechts neben dem Bunker eine Granate schwersten Kalibers auseinander. Für eine Sekunde wurde die breite Öffnung von einem hellen Flammenkranz erleuchtet. Dann prasselten Erd- und Felsbrocken und Stahlfragmente gegen den Bunker. Einer der Splitter klatschte gegen das Geschützrohr und kreischte mit widerlichem Getöse zur Seite.

„Die haben sich auf uns eingeschossen!" hörte Paolo am Richtgerät die Stimme von Caporale Tonio Ergetta. „Die halten genau auf unser Mündungsfeuer, Maresciallo."

Der Feldwebel gab keine Antwort. Er erteilte die Befehle, und nach diesen Befehlen feuerten sie. Brüllend entluden sich die Schlünde der Geschütze, und die Einschläge, die dicht bei den Bunkern niedergingen, versetzten die schweren Betonkolosse in schwingende Bewegung. Es war den Männern im Bunker, als kreise selbst die Erde betrunken um ihre eigene Achse; als wolle auch sie plötzlich aus ihrer seit Ewigkeiten vorherbestimmten Bahn ausbrechen.

„Hundert weniger!" schrie Maresciallo Bergoli, und der Gefreite am Richtgerät führte den Befehl aus.

Mit einem Male aber orgelte es heran. Das Heulen schwoll zu einer grausigen Melodie des Todes an. Mit ohrenbetäubendem Brüllen hauten die Einschläge dicht bei ihnen ein. Der Luftdruck warf die Männer gegen Geräte und Wände. Dann hörten sie abermals einen mächtigen Schlag, und ein paar Sekunden später vernahm Feldwebel Bergoli die Stimme von Sergente maggiore Philippo, dem Geschützführer in Bunker II:

„Feuerleitstand von Bunker II: Geschütz durch Treffer seitlich der Scharte ausgefallen. Wir haben Tote und Verwundete."

Die Stimme des Vizefeldwebels klang wie erloschen. Der Schock schüttelte ihn noch.

Eine Minute später schlug abermals die Breitseite eines Kreuzers mitten in die Batterie ein. Sie vernichtete den Feuerleitstand und tötete den Batteriechef und den Sottotenente auf der Stelle. Die Batterie war damit führerlos geworden.

Ringsum wankte die Erde. Der Apuntato Paolo Corsaro begann in stoßweisen Sätzen zu beten. Seine Stimme durchheulte das Getöse in schrillen Intervallen.

„Halt die Schnauze, Corsaro!" schrie der Sergente, der dicht bei ihm stand und die Munitionsmanner antrieb, damit sie schneller die Munition 'ranmannten.

Maresciallo Bergoli sah mit ruckartigem Aufwerfen des Kopfes zu der Stelle hinüber, wo sich die beiden Männer stritten. Er konnte jetzt keine Unruhe unter seiner Geschützbedienung gebrauchen.

„Riposo!“ brüllte er.

Gleich darauf gab er den nächsten Feuerbefehl. Im selben Augenblick, als die Granate das Rohr verließ, heulte eine Salve schwerer Kaliber heran. Ein paar Sekunden später raste es auf den Bunker I nieder. Die Geräte wurden von den harten Schlägen der Mittelartillerie der Kreuzer von den Wänden gerissen. Krampfhaft hielten sich die Männer fest, um nicht von ihren Plätzen geschleudert zu werden.

Der Apuntato Corsaro spürte, wie sich sein Magen ruckartig nach oben bewegte. Irre Angst stand unverhüllt in seinen Augen, als er mehr ahnte als sah, wie die Flammen der Einschläge rings um den Bunker aufsprangen und ihren Widerschein durch den Schießschlitz in den Bunker warfen. Doch noch einmal riß er sich zusammen und überwand sich selber.

Der Mittelartillerie aber folgten die langsamer feuernden Schweren Geschütze der weiter zurückliegenden Schlachtschiffe. Ein harter Schlag erschütterte den Bunker. Dann war plötzlich ein wüstes, markerschütterndes Orgeln über den Männern. Es war ihnen allen, als käme der Tod mit einem wütenden, nie vorher gehörten gräßlichen Urlaut auf sie zu.

Die 35,6-cm-Granate prallte gegen die rechte Flanke des Bunkers und ließ ihn in seinen Grundfesten erbeben. Risse bildeten sich im Beton. Geräte und Waffen klirrten. Einer der Männer stürzte schwer.

Da schnellte sich Paolo Corsaro mit einem Satz in die Höhe und raste an den Munitionsmannern vorbei nach hinten. Er hatte nur noch einen Gedanken: Fort aus der grellen Helle des Schießschlitzes; fort von der Stelle, an der der Tod Zutritt hatte.

„Corsaro! Sind Sie wahnsinnig geworden?" brüllte der Maresciallo. „Hierher, Mann! — Hierher!"

„Non, no, no!" brüllte Corsaro.

Er duckte sich hinter den Aufbau des Greifers. Zwei Munitionsmanner sprangen hinzu. Sie wollten ihn festhalten, zur Besinnung bringen. Doch im gleichen Augenblick, als sie ihre Arme nach dem zusammengekrümmt vor ihnen liegenden Gefreiten ausstreckten, der von der Fürchterlichkeit dieses auf sie niedergehenden Stahlgewitters um den Verstand gebracht worden war, sprang ein greller Flammenblitz mitten in der Scharte unter dem Geschützrohr in die Höhe.

Im gleichen Augenblick wankte der Bunker. Ein wahnsinniges Krachen schlug den Männern, die bis zuletzt gefeuert hatten, die Trommelfelle entzwei und zerriß ihre Lungen. Der Luftdruck schleuderte sie mit unerhörtem Schlag gegen die Wände und gegen den Stahl des nun schweigenden Geschützes.

Eine der 35,6-cm-Granaten war genau in den Schießschlitz hineingeschmettert und hatte alles Leben im Bunker I schlagartig ausgelöscht.

Als der Apuntato Corsaro wieder zu sich kam, merkte er, daß nach dem Treffer erst einige Sekunden vergangen waren. Noch lag der Pulverdampf dick und beizend im Bunker. Vorn am Geschütz brannte etwas. Keiner seiner Kameraden regte sich mehr. Corsaro taumelte dem Ausgang zu. Er stolperte über einen Körper und stürzte zu Boden.

Erneut leuchtete der Lichtblitz eines Treffers vor der Scharte auf, und er erkannte neben sich die Schultern eines Kameraden, und darauf saß — kein Kopf mehr.

Gellend schrie er auf und taumelte ins Freie. Männer kamen ihm entgegengelaufen. Sie rissen ihn zu Boden, als es abermals heranorgelte.

„Was ist mit den anderen, Corsaro?" brüllte eine Stimme ihn an.

„Alle tot! — Alle tot!" lallte er.

„Los, Mario, Luigi, folgen!"

Die Männer der Sanitätsstaffel rasten zum Bunker. Doch hier war nichts mehr zu retten.

Nun feuerte nur noch ein Geschütz. Es feuerte ohne Richtmöglichkeiten und blind; aber es feuerte bis zur letzten Sekunde; bis ein Volltreffer auch dieses Geschütz außer Gefecht setzte.

Mit einem Opfermut ohnegleichen hatte diese Schweigebatterie ihren Zweck erfüllt. Hier war eine italienische Einheit über sich hinausgewachsen und hatte durch ihren Heldentod gezeigt, daß auch sie zu kämpfen verstanden.

Die Sinnlosigkeit dieses heroischen Kampfes machte ihr Opfer nicht kleiner. Sie hatten ihre Pflicht getan. Sie hatten in einer Stahlhölle ausgehalten; im festen Glauben darauf, daß alle anderen Stellen ebenfalls wie sie aushalten und dem Gegner das Betreten der Insel verwehren würden.

Aber sie wurden enttäuscht. Die meisten Küstenstellungen schwiegen. Sogar die gewaltigen Verteidigungsanlagen der Festung Syracusa fielen nicht in den Verteidigungskampf ein.

Als die Einheiten des 15. Kreuzergeschwaders mit der Beschießung der Stadt begannen, sprengte die italienische Besatzung alle Verteidigungsanlagen und räumte ohne einen Schuß abgefeuert zu haben die Stadt.

Die wenigen Überlebenden der Schweigebatterie wurden vom landenden Gegner überrollt. Sie hatten im Zentrum des Schreckens gestanden, und sie hatten Bilder voller Grauen gesehen. Aber sie hatten gekämpft, sie waren in ihrer schlichten Zuverlässigkeit über sich selbst hinausgewachsen. Sie boten den anderen Zeichen unauslöschlicher menschlicher Größe, wie sie kaum eine andere italienische Einheit größer gezeigt hatte. Sie hatten im gleichen Geist gefochten, wie die 300 Männer des Leonidas bei den Thermopylen gekämpft hatten; und ihr Spruch war der gleiche:

„Wanderer, kommst Du nach Sparta,
So verkünde dorten,
Du habest uns hier liegen sehen,
Wie das Gesetz es befahl."

Dieses Gesetz war ihr Fahneneid gewesen, den sie halten mußten.

Wenn überhaupt jemals in der Geschichte dieses fürchterlichen, sinnlosen und blutigen Krieges der Opfermut und die Tapferkeit Einzelner den Ausschlag zu geben vermocht hätten, dann hätte es hier sein müssen.

Doch auch hier zeigte es sich am Ende, daß ein Gesamtsieg nicht durch den Einsatz einiger weniger Männer errungen werden konnte. Der Sieg war auf Seiten der stärkeren Bataillone.

Die Division Napoli lief auseinander. So setzte die britische 8. Armee bereits am 10. Juli, morgens 7.30 Uhr, einen Funkspruch an die Bomberverbände ab, daß der Flugplatz Pachino wieder auf einer Landebahn benutzbar sei.

Das XIII. Korps erreichte um 10 Uhr Cassibile und Casanuova. Am Abend nahm das Sturmregiment der 5. britischen Division Syracusa, und wenn Budd Shingler nicht mit seinem ganzen Zug im Feuer der Flak gefallen wäre, dann hätte er wirklich in Syracusa sein Abendessen verzehren können.

Ohne Opfer und ohne jeden Zeitverlust hatten die Alliierten damit einen leistungsfähigen Hafen gewonnen, und gleichzeitig war eine der wichtigsten Voraussetzungen zum Sturm auf Catania bereits erfüllt. Hatten sie aber erst einmal Catania, dann würden sie nach Messina durchstoßen und alle auf der Insel sitzenden Soldaten kassieren können. Damit fielen diese Einheiten für den Kampf um das italienische Festland aus.

Erreichten die Alliierten wirklich mit gleicher Geschwindigkeit die Durchführung der 2. Angriffsphase, in der die 5. und 50. britische Division über den Simeto setzen und Brückenköpfe errichten sollten, dann bahnte sich ein vollkommenes Fiasko an.

Doch wie sah es bei der weiter westlich in der Bucht von Gela landenden 7. amerikanischen Armee zu diesem Zeitpunkt aus?

## IV.

„Herr General, Funkspruch des Oberbefehlshabers Süd!"

Der Nachrichtenoffizier der Panzerdivision Hermann Göring war in den Gefechtsstand gekommen, in dem General Conrath seine Regimentskommandeure versammelt hatte.

„Danke, Henrichs!" General Conrath überflog den Funkspruch. Er las die in lakonischer Kürze niedergelegten Sätze, die ihn endlich zum Einsatz kommen lassen würden:

„Die Panzerdivision Hermann Göring tritt sofort mit zwei Marschsäulen gegen die Invasionsstreitkräfte an. Stoßrichtung der einen Marschsäule Gela; Stoßrichtung der anderen Syracusa. Kesselring, Generalfeldmarschall."

Mit einem Ruck wandte sich der Divisionskommandeur seinem Nachrichtenoffizier zu.

„Henrichs, machen Sie einen KR-Spruch an das Hauptquartier des XIV. Panzerkorps, General Hube: ‚Panzerdivision Hermann Göring hat Einsatzbefehl!' Stoßrichtungen angeben. Uhrzeit 6.25 Uhr."

Der Nachrichtenoffizier verließ den Gefechtsstand. General Conrath wandte sich seinen Kommandeuren zu.

„Meine Herren, es ist jetzt 6.31 Uhr. Der Einsatzbefehl ist endlich da, auf den wir seit Mitternacht, als die Bewegungen des Gegners durch unsere Aufklärer deutlich erkennbar gemeldet worden waren, gewartet haben."

Der Divisionskommandeur ging zur Karte. Dann deutete er auf einen Punkt an der Mitte der Ostküste. „General Schmalz, Sie stoßen mit Ihren beiden Regimentern genau auf Lentini vor und von dort aus über die Piste nach Mellilli-Syracusa. Der Gegner ist unbedingt zu halten. Ich selber werde mit dem Panzerregiment der Division in Richtung auf Gela vorstoßen, wo die 7. amerikanische Armee gelandet ist. Sind die Einheiten bereitgestellt?"

„Alles wartet auf den Befehl zum Abmarsch, Herr General. Die Einheiten sind seit 24 Uhr in höchster Alarmbereitschaft."

„Gut, danke. Es ist jetzt 6.38 Uhr. Abmarsch ist um 6.50 Uhr."

General Conrath ging ein paar Schritte nach vorn, und die Regimentskommandeure erhoben sich. Sie grüßten und eilten dem Ausgang zu. Die Motoren der Kräder und Kübel brüllten auf, als die Kommandeure zu ihren Einheiten zurückfuhren.

Gleichzeitig aber arbeiteten die beiden Fernsprecher in der Vermittlung des Divisionsgefechtsstandes auf Hochtouren. Von Kompanie zu Kompanie wurde der Befehl über Sprechfunk zu den einzelnen Panzern weitergegeben, in denen die Männer seit einer Stunde in Sitzbereitschaft auf diesen einen Befehl warteten.

„Erste Kompanie: Motoren anlassen!"

Die Stimme von Hauptmann Kettler versetzte das Kehlkopfmikrofon in Schwingungen, die sich in die Sprache der Worte übertrugen und an die Ohren der Panzerkommandanten schlugen.

Eine Sekunde nach diesem Befehl donnerten die schweren Panzermotoren der Tiger-Kompanie im Leerlauf, und wie hier, so rüsteten sich überall in ihren Bereitstellungen die wartenden Männer der Panzerdivision Hermann Göring zum Angriff. Die Zeit des nervenzerreißenden Wartens war vorbei. Jetzt wußten sie, daß es losgehen würde.

Mit einem Blick auf seine Uhr sah Hauptmann Kettler, daß sie noch eine Minute bis zum Start hatten. Er stand im offenen Luk und sah über die in der Bereitstellung stehenden Panzer der Schweren Panzerabteilung hinweg. Weiter vorn erkannte er den Spähwagen des Regimentskommandeurs. Dann erkannte er, wie der Arm des Regimentskommandeurs in die Höhe zuckte, und als der Arm niederstieß, um sogleich wieder emporzuschwingen, gab er den Befehl:

„Panzer maaarsch!"

Rumpelnd setzte sich der Führungspanzer in Bewegung, und gleich ihm rollten die anderen Panzer der Tiger-Kompanie, der Schweren Panzerabteilung und des ganzen Regimentes an. Der Donner der Motoren überdröhnte jedes andere Geräusch. Sie rollten nach Südwesten, der Stelle entgegen, wo die Amerikaner — ohne auf irgendwelchen Widerstand zu stoßen — vorprellten, um die im Westteil der Insel stehende 15. Panzergrenadierdivision abzuschneiden und einzukesseln.

Ab und zu wurden einige Befehle durchgegeben. Einmal tauchten Kampfflugzeuge über der Panzerkolonne auf; sie konnte sich jedoch rechtzeitig in einem weiten Apfelsinenhain in Sicherheit bringen.

Stundenlang rollten die Panzer durch das felsige, unwegsame Gebiet. Bis zum Nachmittag erreichte das Gros Piazza Armerina. Als sie weiter auf Mazzarino vorstießen, um von dort aus auf die Piste Riesi-Gela einzudrehen, stießen sie auf die amerikanischen Truppenspitzen; Panzer und Spähwagen, die bis hierher vorgeprellt waren. Sie griffen diese Truppen an, vernichteten vier Panzer und drückten den Gegner bis zum Abend des 10. Juli ein gutes Stück zurück.

In der Nacht blieben sie liegen. Die notwendigen Reparaturen wurden durchgeführt. Als das erste Frühlicht des 11. Juli im Osten auftauchte, griff das Panzerregiment erneut an.

„Feindpanzer voraus!"

Mitten auf der Piste tauchten zwei, drei, vier amerikanische Panzer auf und rollten ihnen entgegen.

„Abteilungskommandeur an Erste: ‚Angriff auf Feindpanzer!'"

Hauptmann Kettler räusperte sich, dann rief er die Panzer der Kompanie. Sie schwärmten auseinander und drehten von der Piste herunter. Der Führungspanzer der Tiger-Kompanie blieb auf Hauptmann Kettlers Befehl hin stehen.

„Tausendfünfhundert, vierzehn Uhr. Panzergranate. — — Feuer!"

Aus dem langen Rohr der Achtacht-Kampfwagen-Kanone spuckte der Feuerstrahl des Mündungsfeuers, und die Granate heulte zum Gegner hinüber, der ebenfalls das Feuer auf sie eröffnete. Unmittelbar über dem Turm des Gegners zischte die Granate des Tigers ins Leere.

„Fünfzig weniger. — — Feuer!"

Die lange Fahne des Mündungsfeuers peitschte zum zweitenmal aus dem Rohr. Mit schmetterndem Schlag hämmerte die zweite Granate frontal auf den Sherman-Tank und durchschlug seine Panzerung. Drei Sekunden später flatterte eine lange Flammenzunge aus dem zurückschnellenden Luk des Panzers heraus und wehte als Fanal der Vernichtung über dem ausbrennenden Panzer.

„Rechte Flanke einschwenken!"

Mit hartem Schlag traf eine der 7,5-cm-Granaten der drei übrigen Shermans schräg auf den Führungspanzer und heulte als Querschläger zur Seite.

„Vollgas, Dreikaus!" rief Hauptmann Kettler dem Fahrer zu.

Der Feldwebel gab das Gas 'rein, und mit 35 Kilometer Fahrt rumpelte der Tiger dem Gegner entgegen, auf den sich jetzt alle Panzer der Kompanie eingeschossen hatten.

Als der Führungspanzer durch eine Senke rollte, legte er sich bedrohlich weit über. Doch er fing sich wieder. Es schaukelte und stuckte so stark, daß die Männer sich anklammern mußten.

„Voraus Infanterie!" rief der Fahrer, der den aufspringenden und vorschnellenden Gegner durch das schußsichere Kinonglas des Fahrerschlitzes gesehen hatte.

Eine Sekunde später setzte das Bug-MG ein und spuckte mit rasender Geschwindigkeit seine kleinen Stahlprojektile aus.

„Sechzehn Uhr. Achthundert!"

Erneut feuerten sie, und der Schuß traf den Gegner von der Flanke her genau zwischen Turm und Unterwagen. Die Gewalt der Detonation riß den schweren Stahlturm aus dem Drehkranz und verblockte das Geschütz. Sekunden später krachten zwei Treffer gleichzeitig und ließen den Panzer aufbrennen.

Die beiden letzten Panzer drehten ebenfalls von der Piste herunter und versuchten, hinter die Felsen zu entkommen. Der eine wurde von zwei Granaten gleichzeitig getroffen, während der zweite aufdrehte. Doch noch hatte er die schützende Deckung nicht erreicht, als auch er getroffen wurde. Eine zehn Meter hohe Stichflamme puffte aus seinem Motor hinaus.

Der Sherman-Panzer blieb stehen. Das Luk schlug zurück, und mit erhobenen Armen kletterte die Besatzung heraus. Keiner feuerte auf diese Männer, die ihnen entgegenliefen und sich gefangen gaben.

„Feindliches Paknest. Dort, hinter der Felsnase!"

Als es zum zweitenmal dort aufblitzte und die Granate einem der Kameradenpanzer die Kette zerschoß, erkannte Hauptmann Kettler die Stellung des Gegners.

„Rechts anziehen, Dreikaus!"

Gehorsam schwang der Tiger herum.

„Kompaniechef an alle: ‚Angriff auf feindliches Paknest.'"

„Entfernung achthundert. Elf Uhr. — Feuer!"

Die Granate schlug in das Buschwerk hinein und riß es in Fetzen. Dann erkannten sie das erste Geschütz an dem orangenen Feuerstrahl, der aus dem Rohr zischte. Die Pak-Granate hämmerte gegen ihren Turm, ohne ihn zu durchschlagen.

„Zwanzig mehr!"

Wie ein Uhrwerk aufeinander eingespielt, arbeiteten die Männer in der Hitze und Enge des Panzers. Granatsplitter hackten auf ihrem Panzer herum; doch sie dachten nur an ihre Aufgabe: den Amerikaner wieder ins Meer zurückzujagen.

„Los, Jupp!" rief der Richtschütze, Stabsgefreiter Karl Bölling, dem Ladeschützen zu.

Der Ladeschütze führte die Granate ein. Der Verschluß schnackte zu, und der Richtschütze drückte den Auslöseknopf. Wieder rauschte eine der durchschlagskräftigen Achtacht-Granaten aus der Kampfwagenkanone hinaus und nahm ihren Weg zum Gegner hinüber.

Klirrend wurde die leere Hülse ausgeworfen, schlug gegen den Auffänger und prasselte in den Hülsensack zu den anderen Hülsen.

Es stank im Panzer durchdringend nach Pulverdunst, nach Öl und Schweiß. Die Hitze war von Minute zu Minute stärker geworden, und die aufgegangene Sonne würde ein übriges tun und sie innerhalb der nächsten Stunden hier im Innern ihres stählernen Sarges braten.

Der Treffer warf das Pakgeschütz auf die Seite. Für Bruchteile von Sekunden wurden ein paar Gestalten sichtbar, um sofort wieder zu verschwinden, als das Bug-MG zu feuern begann.

„Weiter! Los, Dreikaus, drücken Sie auf die Tube!"

Mit Vollgas rollten sie der Stellung des Gegners entgegen. Granaten rauschten an ihnen vorüber. Eine Schnellfeuerkanone begann zu bellen. Mit ohrenbetäubendem Krachen hämmerten die kleinkalibrigen Granaten gegen den Turm und die Frontpanzerung.

Weiter von rechts herüber feuerten die anderen Panzer der Kompanie auf die Pakgeschütze.

Noch trennten sie hundert Meter von der Stellung des Gegners, als eine Granate sie frontal traf. Zu ihrer Erleichterung krepierte sie nicht.

Da sahen sie das zweite Geschütz. Eine kleine Korrektur ließ den Tiger jäh auf dieses Geschütz einschwenken. Riesiggroß sah Feldwebel Dreikaus die Männer auftauchen. Er erkannte verzerrte Gesichter, sah die zum Entsetzensschrei aufgerissenen Münder. Dann hatte der Tiger die Stellung erreicht und walzte den Stahl mit der Gewalt seiner 58 Tonnen Gewicht in den Grund hinein.

Alle spürten sie die ruckartige Erschütterung, wie die Ketten über den Stahl der Lafette hinweggingen. Dann drehte der Tiger jäh vor einem Felsen ab und rollte zur Seite, wo das dritte Geschütz noch immer feuerte.

Gigantisch, ein Stahlgebirge, tauchte er vor den amerikanischen Soldaten auf, die auseinanderstoben. Doch der Richtkanonier schaffte es nicht mehr. Er wurde vom Bug des Panzers erfaßt und in den Boden eingewalzt.

Schlagartig war Stille.

„Erste und zwote Kompanie vorziehen. Im Kastanienwäldchen voraus, links der Piste, liegen Amerikaner. Angriff auf den Wald!" hörten sie die Stimme von Major Pranzner, ihrem Abteilungskommandeur.

Sie drehten in die befohlene Richtung ein. Nacheinander rief Hauptmann Kettler seine Panzer. Nur einer war durch Kettenschaden ausgefallen.

Die Kompanie rollte durch eine Senke und erreichte ein Bachbett, in dem nur ein schmales Rinnsal floß. Im Bachbett weiterrollend, erreichten sie die Flanke des Waldes, der aus kaum armstarken Stämmchen bestand. Im Langsamgang walzten sie mitten hindurch. Sie drückten die Stämmchen nieder und ließen eine breite Spur der Vernichtung hinter sich zurück.

„Sprenggranate, zwölf Uhr. Dreihundert!" befahl Hauptmann Kettler, als es sich vor ihm regte.

Die Granate hieb in die Stämme hinein, und der Splitterregen zwang die Gegner in Deckung.

„Wenn wir jetzt genügend Infanterie dabei hätten, um die hinter uns liegenden Stellen vom Gegner auszukämmen!" sagte Feldwebel Dreikaus während einer Pause, als sie das jenseitige Ende des Wäldchens erreicht hatten und auf den Befehl des Regimentskommandeurs hin stehenblieben, um die zurückhängende rechte Flanke des Panzerregimentes aufschließen zu lassen.

„Unsere Panzergrenadiere sind leider mit General Schmalz nach Lentini unterwegs, um den Gegner dort zu halten", fiel Hauptmann Kettler ein.

„Wenn die Italiener wenigstens kämpfen wollten."

„Wozu sollten sie, Bölling?" antwortete Hauptmann Kettler auch auf diese Frage des Richtschützen. „Sie sind am Ende. Sie sind kriegsmüde."

„Na, so gern tun wir es wohl alle nicht; aber es muß doch schließlich sein, Herr Hauptmann."

„Ganz recht, Dreikaus. Wir haben keine andere Wahl."

„Schwere Panzerabteilung von Regimentskommandeur. ‚Abteilung stößt auf Niscemi vor!'"

Wieder setzten sich die Panzer in Bewegung. An den südlichen Ausläufern des Monte di Scala vorbei rollten sie weiter. Zehn Minuten später stießen sie abermals auf Amerikaner. Der Kampf gegen den Gegner entbrannte aufs neue.

Als sie zwischen ein paar Felsen eingekeilt nur noch nach einer Richtung weiterkommen konnten, griffen die Soldaten der 1. amerikanischen Division in kleinen Vernichtungstrupps die Panzer an.

„MG feuern!" befahl Hauptmann Kettler, als er einen Trupp weiter vorn aufspringen sah.

Das MG begann zu bellen. Unteroffizier Peter Zaun, der Funker des Führungspanzers, der gleichzeitig auch das MG bediente, sah drei, vier Männer mit Sprengmitteln seitlich von sich auftauchen und zu der Rinne hinüberrasen, durch die sie mußten. Aber noch hatten die Amerikaner diese Rinne nicht erreicht, als sein Feuerstoß sie zu Boden gehen ließ. Sie erreichten die Stelle und rollten unangefochten weiter.

Plötzlich hämmerten die Schläge einer 5-cm-Pak gegen ihre Panzerung. Granatwerfer ploppten und schleuderten ihre Geschosse in den Himmel empor. Und wo sie aufschlugen und krepierten, dort wurde der Bewuchs von den vielen Splittern weggemäht.

Doch den Panzern machten diese Geschosse nichts aus. Sie drangen weiter vor. Sie erreichten Niscemi und drehten nach Süden ein. Sie rollten Gela entgegen, und fast schien es so, als sollte ihnen ein voller Erfolg beschieden sein.

Auf dem Strand von Gela brach eine Panik aus. Die Transporter und Schiffe, welche die 1. amerikanische Armee ausschifften, schossen

Nebel auf den Strand, und im Schutze dieses Nebels begannen die Einheiten sich wieder einzuschiffen. Ein Fiasko bahnte sich an, das leicht mit einer völligen Niederlage im amerikanischen Sektor des Landungsabschnittes enden konnte.

„Panzer voraus!"

Noch einmal warfen sich die nachgelandeten amerikanischen Panzer auf die deutschen Panzerspitzen, die sich bis auf vier und fünf Kilometer der Küste genähert hatten.

„Links einschlagen!"

Feldwebel Dreikaus riß den Tiger nach links herum. Das Rohr der Kampfwagenkanone drehte sich in die angegebene Richtung. Schmetternd schlug der Verschluß zu. Bölling drückte den Auslöseknopf, und ein Treffer ließ den ersten amerikanischen Panzer aufbrennen.

Eine breite Flammenwand schoß in die Höhe und aus dem Zentrum dieser Wand brandeten die Schläge empor, mit denen die Bereitschaftsmunition detonierte.

Infanterie brach hinter den Panzern hervor. Sie wurde im ersten Ansturm überrollt. Nur zwei deutsche Panzer wurden von den Panzern des Gegners bewegungsunfähig geschossen.

„Wir schaffen es, Herr Hauptmann! Wir kommen durch!"

Die Stimme des Funkers klang ein wenig schrill vor Begeisterung, als er den FT-Spruch der zweiten Abteilung auffing, die eine halbe Meile rechts von ihnen ebenfalls die vordersten amerikanischen Stellungen durchstoßen hatte und gleich ihnen in die Bucht von Gela hineinstieß.

In den nächsten zwei Stunden mußte sich das Schicksal dieser amerikanischen Landungsgruppe entscheiden. Falls sich ihnen jetzt kein entscheidender Widerstand mehr entgegenstellte, würden sie bis zum Strand hinunter durchrollen können.

„Rollen Sie nach rechts 'rüber, Dreikaus! Dort zur Höhe hinauf!"

Feldwebel Dreikaus schlug das Steuer ein. Der schwere Tiger nahm die Bodenwelle, drückte eine der buschig ausladenden Opuntien in den felsigen Grund und schob sich dann durch das Myrthen- und Steineichengebüsch höher empor. Nach zwei Minuten hatte er die Höhe erreicht.

Hauptmann Kettler drehte an der Feineinstellung seines Scherenfernrohrs. Sorgfältig suchte er das Gelände vor sich ab, das sich sanft senkte. Als er die Kolonne der Feindfahrzeuge sah, zuckte er unwillkürlich zusammen.

„Erste an Abteilungskommandeur: ‚Feindpanzer, Pak und Mannschafts-Transportwagen aus südlicher Richtung im Anmarsch. Entfernung 2500!'"

„Abteilungskommandeur an alle: ‚Gegner kommen lassen. Feuereröffnung auf 1600. Erste Kompanie stößt frontal auf den Gegner zu. Die Zwote an der linken Flanke. Die Dritte an der rechten Flanke. Ende!'"

„Gefechtsbereitschaft!"

Hauptmann Kettler zog das Luk zu, und die Panzerkommandanten seiner Kompanie taten es ihm nach.

„Beide Waffen geladen und gesichert!" meldete Stabsgefreiter Bölling, der Richtschütze.

„Was war denn alles zu sehen, Herr Hauptmann?" fragte der Fahrer, um die drückende Stille im Panzer zu überwinden.

„Mindestens eine Panzerkompanie. Dahinter motorisierte Infanterieverbände. Kommen anscheinend direkt vom Strand."

„Wenn wir unser Panzergrenadierregiment hier hätten, würden wir schon mit ihnen aufräumen."

„Wir müssen es eben jetzt allein versuchen."

„Achtung, Feuer frei!"

Die Feindpanzer waren bis auf 1800 Meter herangekommen. Das Getöse des Vormarsches schwoll an. Ketten rasselten, Motoren dröhnten. Die Rohre der Tiger hatten sich alle in die gleiche Richtung gedreht und warteten auf den Feuerbefehl des Kompaniechefs.

„Sechshundert. Zwölf Uhr. — — Feuer!"

Fast gleichzeitig feuerten die Panzer der Schweren Panzerabteilung, und dort, wo die Kavalkade der Gegner lag, brachen die Trefferflammen auf und wetteiferten an Glut mit der Hitze des Tages.

Die Feindpanzer rollten nach links und rechts auseinander. Die Infanterie sprang von den Mannschaftswagen und ging in Stellung. Weiter rückwärts wurden ein paar Paks mit ihren Zgkws angeschleppt und hinter niedrigen Felsen in Stellung gebracht.

Der zweite Schuß verließ das Rohr des Führungspanzers. Der Panzer, den Hauptmann Kettler anvisiert hatte, begann zu brennen.

„Tiger vor!"

Fast gleichzeitig brachen die Tiger aus den Deckungen heraus. Auf breiter Front rollten sie hangabwärts, dem Gegner entgegen, der das Feuer jetzt erwiderte.

Schnellfeuerkanonen hämmerten auf die Frontpanzerung der Tiger ein, ohne sie jedoch durchschlagen zu können. Dann krachte der Treffer einer 5-cm-Pak. Auch sie vermochte die Panzerung nicht zu durchschlagen.

„Zacken, Dreikaus!"

In harten Kursänderungen entgingen sie den Schüssen aus der gefährlichen 7,5-cm-Kanone des Shermans, der sie aufs Korn genommen hatte.

Dann hielten sie jäh. Bölling hatte die angegebenen Werte eingestellt. Er drückte den Abfeuerknopf. Der Schuß verließ das Rohr, und, in die rechte Kette getroffen, drehte sich der Gegner auf der Stelle. Der zweite Treffer ließ ihn aufbrennen.

Gleich dem Führungspanzer waren alle anderen Panzer der Kompanie in das Feuergefecht mit dem Gegner eingetreten. Die Abschüsse brüllten durch den Tag und verwoben sich mit den Treffern und den Detonationen der auseinanderberstenden Munition zu einem dröhnenden Inferno. Flammen stiegen über deutschen und amerikanischen Panzern gleicherweise empor.

Als Unteroffizier Zaun eine Gruppe vorprellender Amerikaner sah, feuerte er aus dem Bug-MG auf sie und zwang sie wieder in Dekkung.

Dann hörten sie rechts von sich eine harte, schmetternde Detonation. Das Steuer einschlagend, erkannte Feldwebel Dreikaus durch den Sehschlitz, daß es den Panzer „Anton" getroffen hatte.

Für den Bruchteil einer Sekunde sah er Feldwebel Achenberg, den Kommandanten von „Anton", aus dem Luk auftauchen und mit weitem Satz abspringen. Als aber der nächste der Besatzung im Luk erschien, stieß eine Flamme aus dem Innern des Panzers heraus.

Es sah so aus, als wollte diese spitzzüngige Flamme den Kameraden aufspießen. Schreiend sackte er ins Innere des brennenden Panzers zurück, der nun für die vier übrigen Männer seiner Besatzung zu einem glühenden Eisensarg wurde, aus dem es kein Entkommen mehr gab.

Udo Dreikaus biß sich auf die Lippen. Das war Panzerschicksal. Oft gesehen, aber noch nie so unmittelbar am Kameradenschicksal erlebt. Doch zu jeder Sekunde dieses harten, erbitterten Kampfes, in den nun auch die in Stellung gegangenen Pakgeschütze eingriffen, konnte es auch sie treffen.

Als Dreikaus sah, wie ein bis auf vierhundert Meter herangekommener, bisher durch eine Gebüschgruppe gedeckter Panzer sein Rohr auf sie einschwenkte, gab er das Gas bis zuletzt 'rein. Der schwere Panzer schoß mit einem Satz nach vorn. Dann schlug Udo ein und raste nach links hinüber. Riesiggroß tauchte ein glosender Tiger vor ihm auf.

„Einschlagen, Dreikaus, einschlagen!" brüllte Hauptmann Kettler.

Udo riß das Steuer herum. Mit einem harten Ruck, der die Männer durchschüttelte, drehte sich der Stahlkoloß auf der Stelle, und mit häßlichem Knirschen und Reißen rieb sich der Bug an der Flanke des brennenden Kameradenpanzers.

Dann waren sie vorbei und jagten weiter nach vorn. Noch ehe der Sherman-Panzer drehen konnte, waren sie an seiner rechten Flanke aufgetaucht. Der Turm des Sherman mit der ein wenig kurzen, plump aussehenden Kanone drehte sich ihnen zu. Doch noch ehe sie sie erreicht hatte, gab Hauptmann Kettler den Feuerbefehl.

Die Granate traf den Sherman aus dreihundert Metern Entfernung in die Flanke. Sekunden schien es so, als habe er diesen Volltreffer einfach verdaut. Dann aber schlug das Luk knallend zurück, und eine zwanzig Meter hohe Stichflamme zischte aus seinem Innern heraus, und gleich darauf begann die Munition in brüllenden Schlägen loszukrachen.

Die Granate hatte die Panzerung des Gegners durchschlagen und die Besatzung im Innern des Panzers getötet.

„Erste Kompanie von Abteilungskommandeur: ‚Frontal vorstoßen! Durchbruch Richtung feindliche Pakstellung!'"

„Kompaniechef an alle: ‚Durchbruch nach Süden!'"

Die im Gefecht stehenden Panzer lösten sich vom Gegner und rollten weiter vor. Und der Gegner drehte plötzlich und rollte in Richtung auf den Strand zurück.

Mit einem Schuß aus 1700 Metern traf der Befehlspanzer der Ersten einen der fliehenden Gegner und zerschoß ihm den Motor. Wenig später hatten sie ihn erreicht. Sie störten sich nicht an die Besatzung, die mit erhobenen Armen aus dem Panzer herauskletterte, sondern rollten weiter; auf die Pakbatterie zu, die mit wahnsinniger Geschwindigkeit auf die von der rechten Flanke kommenden deutschen Panzer feuerte und schon drei von ihnen außer Gefecht gesetzt hatte.

„Zwölfhundert, vierzehn Uhr. — — Feuer!"

Schmetternd schlug die Panzergranate in das ihnen zunächst stehende Pakgeschütz ein und warf es zur Seite. Jetzt erst erkannten die Pakbesatzungen die zweite Panzergruppe. Zwei der fünf Geschütze versuchten, auf den neuen Gegner einzudrehen. Doch dazu war es schon zu spät. Von den Granaten der Tiger aufgefaßt, wurden sie zusammengeschossen.

Kurz vor der Batterie ließ Hauptmann Kettler einschwenken und wieder nach Süden drehen. Gleich ihm rollten die anderen Panzer weiter. Sie hatten diesen schnell vorgeworfenen Sperrgürtel, der wohl das Wiedereinschiffen der 1. amerikanischen Division schützen sollte, durchstoßen. Sie hatten die Infanterieeinheiten überrollt und rollten jetzt weiter; dem Strand und damit dem Siege entgegen.

Wären die Panzergrenadiere dabeigewesen, hätten sie hinter den Panzern das Gelände nach Gegnern durchgekämmt und die Gefangenen zurückgeschafft, so wäre tatsächlich hier ein Sieg möglich gewesen. So aber ließen sie die amerikanische Infanterie hinter sich zurück. Und diese Männer begannen nun, mit ihren Funkgeräten die Schiffe zu rufen, die als Begleitschutz acht bis zehn Meilen vor der Küste lagen. Immer wieder riefen sie dasselbe:

„Sind von deutschen Panzerverbänden überrollt. Liegen im Planquadrat XW 09. Erbitten Feuer auf eigenen Standort."

Und drei Minuten später begann das Bombardement, das keiner der Panzerfahrer, die diesem Stahl-Ungewitter entkamen, jemals wieder vergessen würde.

Zuerst begann die Mittelartillerie der Zerstörer und Kreuzer. Dann fiel die Mittelartillerie der noch weiter zurückliegenden Schlachtschiffe ein.

In der Runde um die vorrollenden Panzerverbände fiel glühender Stahl nieder. Einer der Panzer der Ersten wurde getroffen und barst wie eine reife Frucht unter dem Stahlhammer einer 28-cm-Granate auseinander.

Die amerikanischen Infanteristen aber, die hinter den deutschen Panzern lagen, die Männer, die vom Gegner geschlagen und überrollt worden waren, lenkten das Feuer der Schiffsartillerie, die jetzt auch mit den Schweren Türmen in den Kampf eingriff.

„Abteilung marschiert hinter die Deckung der Hügel!" kam der Befehl des Abteilungskommandeurs. „Alle Panzer kehrt! Wir müssen . . ."

Der Rest ging in einem fürchterlichen Feuerschlag unter, der die Schwere Panzerabteilung traf und den Tiger des Kommandeurs mit einem mächtigen Schlag wegfegte.

„Zacken, Dreikaus!"

In Zickzackfahrt, bis auf die letzte Möglichheit aufgedreht, rollte der Führungspanzer der Ersten zurück. Mit über dreißig Kilometer Fahrt raste er in eine schmale Schlucht hinein, stieß gegen die Seitenwände, daß es den Männern schien, als wolle der Panzer auseinanderbrechen. Dann waren sie mitten in der Schlucht und wurden von den lotrecht aufsteigenden Felswänden geschützt.

Die Erde wankte unter den Einschlägen der Schiffsartillerie. Brennende Panzer standen auf dem Gelände. Wrackgeschlagene Kolosse wurden von den Besatzungen verlassen, die hinter den Felsen in Deckung gingen.

„So eine verdammte Sauerei!" knirschte Hauptmann Kettler durch die Zähne hervor. „Hier werden wir nicht durchkommen."

Niemand im Panzer antwortete. Alle lauschten sie mit schreckverzerrten Gesichtern auf dieses Unwetter, das sie so kurz vor dem Ziel überfallen und niedergeknüppelt hatte.

Pausenlos orgelte es heran und schmetterte in die Panzer hinein. Zehn, fünfzehn, zwanzig

Panzer standen schon inmitten der Hügel, und das Feuer schien eher zunehmen zu wollen, als daß es schwächer wurde. Ein fürchterlicher Hexensabbath war losgebrochen. Der Tod ging um.

„Regimentskommandeur an alle: melden!"

Nacheinander meldeten sich die Panzer. Dann kam abermals die Stimme des Regimentskommandeurs.

„Das Regiment zieht auf Niscemi zurück!"

„So ein Mist! Dann müssen wir ja aus unserem sicheren Bunker heraus."

„Nichts zu machen, Dreikaus! Ziehen Sie langsam zurück."

Der Motor brüllte auf, und der Tiger schob sich rückwärts aus der engen Schlucht heraus.

Das Getöse der Einschläge schwoll zu einem nervenzerfetzenden Gehämmer an, als sie auf der freien Plaine waren. Jetzt erst sahen Hauptmann Kettler und der Fahrer durch ihre Gefechtsschlitze das ganze Ausmaß der Verwüstung, die dieses Feuer angerichtet hatte. Jetzt erst sahen sie die Masse der brennenden, umgestürzten und zerschlagenen Panzer.

Mit Vollgas rollten sie zurück. Mit ohrenbetäubendem Getöse schlug eine Lage schwerster Granaten vor ihnen ein. Einem der Kameradenpanzer wurden von den durch die Luft kreischenden Stahlfragmenten beide Ketten zerschlagen. Die Besatzung stieg aus und rannte zu ihnen herüber, um hinten auf ihrem Panzer aufzusitzen.

„Stoppen!" befahl Hauptmann Kettler. „Stoppen!" brüllte er, als Udo diesem ihm wahnwitzig erscheinenden Befehl nicht zu folgen schien. Jäh stoppte der Panzer.

In diesem Augenblick orgelte es heran. Dreißig Meter vor ihnen schlugen zwei der schweren Koffer ein und hauten genau mitten zwischen den fünf Männern in den Grund. Ein dichter Stahlhagel prasselte gegen die Panzerung. Es klang den Männern wie das Pauken des Jüngsten Gerichtes in den Ohren.

„Vollgas!"

Der Panzer sprang mit einem Satz nach vorn, wurde von Feldwebel Dreikaus um den Trichter herumgelenkt, rutschte halb auf den Grund des Kraters hinunter und arbeitete sich wieder heraus.

Diese Granaten hätten den Panzer voll aufgefaßt, wenn sie weitergerollt wären. Und das hätte ihr Schicksal besiegelt.

Sie waren gerettet. Doch die fünf Männer, zu deren Rettung sie stehengeblieben waren, waren von der Gewalt der auseinanderberstenden Riesengranaten zermalmt und in alle Winde verstreut worden.

Der Ladeschütze legte seinen Kopf in die Hände. Karl Bölling hörte seinen Kameraden wirre, abgerissene Worte stammeln. Auch er war durch dieses Höllenfeuer bis an die Grenze des Möglichen belastet. Unter Aufbietung aller Willenskraft zwang er sich dazu, nicht in dieses Angstgebet einzustimmen. Er legte dem Kameraden die Hand auf die Schulter.

„Wir schaffen es, Jupp! Wir werden bestimmt durchkommen!"

Und sie schafften es auch. Sie kamen durch. Sie durchmaßen das Zentrum des Schreckens und spürten, wie das Feuer hinter ihnen zurückblieb.

Wenig später hatten sie Niscemi wieder erreicht.

Feuer empfing sie vom Stadtrand. Das waren die überrollten Feindgruppen, die sich hier eingenistet hatten, in der Hoffnung, daß die deutschen Panzerverbände weiter südlich aufgefangen und vernichtet werden würden.

„Sprenggranate. Entfernung, tausend, zwölf Uhr!"

Der Befehl des Kompaniechefs rief sie wieder in die Wirklichkeit zurück. Vorher, als sie das Feuer widerstandslos hatten über sich ergehen lassen müssen, waren sie vor Furcht fast wahnsinnig geworden. Aber jetzt sahen sie einen Gegner, jetzt konnten sie sich wehren, und mit einem Male waren sie wieder die Alten. Sie schüttelten den fürchterlichen Schock dieses erschreckenden Bombardements von sich ab und kämpften wieder.

Die Sprenggranate verließ das Rohr und prasselte in eines der Häuser hinein. Krachend schlug sie die Haustür in Fetzen.

Aus einer Seitenstraße feuerte eine Pak. Sie traf einen der anrollenden Panzer und zerschlug ihm die Ketten.

„Rechts einschlagen! — Stopp! — Panzergranate!"

Mitten im Feuer des Pakgeschützes blieb der Führungspanzer stehen. Das überdimensionale Rohr drehte sich mit dem Turm in die angegebene Richtung, und dann verließ die Granate das Rohr. Sie schlug unmittelbar über der Pak in eine Wand hinein und riß ein metergroßes Loch in das Gemäuer.

„Zehn weniger!"

Ein harter Schlag erschütterte den Panzer; doch die Granate war nicht durchgeschlagen, sondern an der Seitenschürze detoniert.

Der zweite Schuß des Führungspanzers ließ die Pak verstummen. Dann rollten sie in das Städtchen hinein.

Die engen Straßen ließen die Panzerkolosse eben durch. Sooft sie drehten, rollten sie in Wände und Mauern und Begrenzungen. Mauervorsprünge wurden zur Seite geschoben, Giebel stürzten zusammen und prasselten auf die Panzer nieder. So bahnten sie sich einen Weg durch Niscemi.

Dreißig Minuten später sammelten sie in einer langen Seitenschlucht des Monte di Scala. Von den achtzig Panzern, die diesen Sturm auf Gela mitgemacht hatten, waren dreiundvierzig irgendwo hinter ihnen liegengeblieben. Einige wenige im Zweikampf mit den amerikanischen Panzern. Das Gros der vernichteten Panzer aber war durch die Schweren Koffer der Schiffsgeschütze zusammengeschlagen worden.

Dieses Feuer, von den überrollten, geschlagenen amerikanischen Soldaten angefordert, hatte den Sieg, der greifbar vor der Panzerdivision Hermann Göring gelegen hatte, zu einer fast vernichtenden Niederlage werden lassen.

Dieser kleine Umstand ermöglichte es den

Amerikanern, daß sie die 1. Division bei Gela wieder ausschiffen und ebenfalls noch in den Kampf werfen konnten.

Mit einem Angriffsgeist ohnegleichen war die Panzerdivision Hermann Göring vorgeprellt und hatte sich dem übermächtigen Gegner entgegengeworfen. Sie hatte mit dem Einsatzwillen der alten afrikanischen Panzerdivision gekämpft und fast den Siegeslorbeer errungen.

Daß sie im Feuer dieses Bombardements zerschlagen worden war, änderte nichts an der Tapferkeit ihres Angriffes.

Nach diesem Aderlaß wurde die Division über Piazza Armerina und Valguanera auf den Dittaino zurückgenommen. Es war das Bestreben von General Conrath, seine Division so schnell wie möglich wieder aufzufüllen, um den Gegner wenigstens am Dittaino zu halten.

Die Landung der Alliierten auf Sizilien war vollendete Tatsache. Es war ihnen unter Einsatz aller verfügbaren Waffen gelungen, im Süden und Südosten der Insel Fuß zu fassen und eine Basis für weitere Angriffe zu erringen. Daß auch der Hafen von Syracusa schon am Abend des 10. Juli in ihrer Hand war, ermöglichte es ihnen, schnell weitere Truppen an Land zu werfen, um die wenigen deutschen Einheiten zu überrennen und diesen Anfangserfolg zu einem völligen Überraschungssieg und zu einer vernichtenden Niederlage für die Deutschen auszubauen.

## V.

Am 11. Juli erhielt Generalleutnant Kurt Student, der Kommandierende General des XI. Fliegerkorps, den Befehl, die Fallschirmjäger-Division 1 unter Generalleutnant Richard Heidrich nach Italien zu überführen. Die Fallschirmjäger-Division 2 hingegen, die unter dem Oberbefehl von General Ramcke im Raume Nimes lag, sollte in Frankreich verbleiben.

Schon vor Beginn der Invasion Siziliens hatte Generalleutnant Student den Vorschlag gemacht, im Falle einer alliierten Landung mitten in den feindlichen Landekopf hineinzuspringen und ihn aus dem Zentrum heraus zu zerschlagen. Dieser Vorschlag wurde jedoch abgelehnt, weil man glaubte, daß die beiden zur Verfügung stehenden Fallschirmjäger-Divisionen nicht genügen würden. Außerdem standen nicht genügend deutsche Kräfte auf Sizilien, die die Fallschirmjäger aufnehmen konnten.

Am Nachmittag startete das Fallschirmjäger-Regiment 3 der ersten Fallschirmjäger-Division; unter dem Befehl von Oberst Heilmann stehend. Von Avignon und Terascon stiegen die Maschinen auf, um diese Eliteeinheit auf die bedrohte Insel zu werfen und den Gegner zu halten.

Generalleutnant Heidrich, der Divisionskommandeur, flog mit seinem Führungsstab direkt nach Rom ins Hauptquartier des Oberbefehlshabers Süd, um die ersten Befehle und

Instruktionen entgegenzunehmen. Der Befehl lautete:

„Die Division ist regimentsweise nach Sizilien zu überführen."

Noch glaubte man in Frascati, dem Hauptquartier des Oberbefehlshabers Süd, den Gegner wieder in die See zurückwerfen zu können, denn schon gingen die ersten Meldungen ein, daß der Schwung der Invasion, der durch die Überraschungstaktik groß gewesen war, zu erlahmen begann. Der deutsche Widerstand versteifte sich, und die Alliierten blieben bei Carlentini liegen. Das Fallschirmjäger-Regiment 3 landete südlich Catania in der Weizenebene und begann sich zur Verteidigung einzurichten.

Am Abend des 13. Juli aber mußten die deutschen Verteidiger Carlentini räumen. Die Marcellinobrücke wurde gesprengt, um es den Schweren Abteilungen des Gegners unmöglich zu machen, schnell nachzustoßen.

Am 14. Juli hatte die britische 50. Infanteriedivision die Angriffsspitze von der bis dahin führenden 5. britischen I. D. übernommen. Sie sprengte gegen Mittag den deutschen Sperrriegel, der von der Kampfgruppe Schmalz (den Panzergrenadieren der Panzerdivision Hermann Göring) errichtet worden war.

Catania lag vor den Füßen von General Dempsey, der das XIII. britische Korps führte. Wenn die Brücken bei Lentini und die über den Simeto nicht gesprengt waren, dann konnte der überraschende Durchbruch gelingen, dann saßen die deutschen Einheiten auf Sizilien in der Falle.

„Meine Herren, der Südosten der Insel ist fest in unserer Hand. Aber unser Vormarsch hat sich verlangsamt. Die Truppe zeigt Ermüdungserscheinungen, der heiße sizilianische Sommer macht ihr zu schaffen. Dennoch hat auch das XXX. Korps in Richtung auf Vizzini Boden gewonnen. Die Lage ist, allgemein gesehen, gut."

Der Erste Generalstabsoffizier der britischen 8. Armee hatte seinen Vortrag beendet.

General Montgomery erhob sich von seinem Platz und ging zur Karte hinüber. Als er sie erreicht hatte, drehte er sich zu seinen Kommandeuren um, die sich im Stabsquartier der Armee in Cassibile eingefunden hatten, um die nächsten Operationen zu besprechen.

„Es erscheint mir angezeigt, an der Front des XIII. Korps einen Durchbruch unserer Kräfte aus dem Raum Lentini in die Ebene von Catania zu erzwingen, ehe die Deutschen noch mehr Kräfte hier konzentrieren. Wichtig ist dabei, daß die überaus schwierige Strecke zwischen Carlentini und Lentini schnell durchmessen wird. Hierbei sind zwei Brücken, die für uns von entscheidender Bedeutung sind, im Handstreich zu nehmen.

Die erste ist die Brücke auf der Höhe nördlich Lentini — der Ponte dei Malati — und die andere ist die Primasole-Brücke, die südlich Catania über den Simeto führt. Es besteht folgender Plan."

General Montgomery wandte sich seinem Ia zu und gab ihm einen Wink. Der Oberst trat an die Karte.

„Die 3. Kommandoabteilung unter Oberst Durnford Slater wird in Sturmbooten am 13. Juli gegen 22 Uhr beiderseits Agnone an der Ostküste gelandet. Sie hat die Aufgabe, die Lentini-Brücke im Handstreich zu nehmen, die auf dem Ponte dei Malati angebrachten Sprengladungen zu entfernen und nach Norden einen Brückenkopf zu bilden. Dieser Brückenkopf ist so lange zu halten, bis die Northumberland-Division nachgestoßen ist und die 3. Kommandoabteilung aufnimmt."

Oberst Durnford Slater sah zu seinem Bataillonskommandeur, Major Young, hinüber und blinzelte ihm zu.

„Haben Sie verstanden, Slater?"

„Yes, Sir, alles verstanden", bestätigte der Kommandeur der Kommandoabteilung gelassen.

„Sonst noch Fragen, Slater?"

„Keine Fragen, Sir!"

„Nun zur Brücke über den Simeto. Es ist vorgesehen, die erste Fallschirmjäger-Brigade der 1. Luftlandedivision in der Nacht zum 14. Juli im Sprungeinsatz bei der Primasole-Brücke abzusetzen. Die Brigade hat diese Brücke zu nehmen, die Sprengladungen zu entfernen und am Nordufer des Simeto ebenfalls einen Brückenkopf zu bilden. Beide Gruppen haben sofort durch Stoßtrupps miteinander Verbindung aufzunehmen — Pearson. Sie bilden das erste Treffen. Ich brauche nicht erst zu betonen, daß es eine Aufgabe von schlachtentscheidender Bedeutung ist."

Oberstleutnant Pearson, der Kommandeur des 1. britischen Fallschirmjäger-Bataillons, nickte und machte sich eine Notiz.

„Wie ist die genaue Stärke, Lathbury?"

„Die Gesamtstärke beträgt drei Bataillone Fallschirmjäger, eine Pionierkompanie und eine Panzerjägerkompanie. Für diese Einheiten benötigen wir 105 Dakotas für die Springer und 30 Lastensegler für die Jeeps, die Pak und sonstige schwere Waffen."

„Denken Sie immer daran, Lathbury — und auch Sie, Slater —, daß vom Gelingen Ihrer Einsätze der Verlauf des gesamten Feldzuges abhängt. Die Flotte wird Sie beide von See her unterstützen. Haben Sie erst die Tore geöffnet, dann wird die 50. Division, mit einer Panzerbrigade an der Spitze, so schnell wie möglich nachstoßen, Sie aufnehmen und den Hauptstoß auf Catania führen."

General Montgomery hatte dies alles in seiner knappen, mitreißenden Art gesprochen. Als er die Gesichter seiner Kommandeure sah, wußte er, daß sie sich für ihn in Stücke hauen lassen würden.

„Ich habe noch eine Frage, Sir!"

General Lathbury hatte sich erhoben.

„Bitte, Lathbury?"

„Es muß gesichert sein, daß unsere im Hafen von Augusta liegenden Schiffseinheiten nicht auf uns feuern. Immerhin könnten unsere Maschinen ja für anfliegende Bomber der Deutschen gehalten werden. Was ist in dieser Hinsicht geschehen?"

„Wenn Sie sich immer außerhalb der Fünf-Meilen-Sicherheits-Zone um Augusta halten, dann kann dergleichen nicht passieren. Außerdem wird der Flotte selbstverständlich rechtzeitig Ihr Kommen über Funk mitgeteilt."

„Gut, das wäre die eine Seite. Die andere ist die, daß uns die Piloten der Dakotas genau über dem Ziel absetzen müssen. Auch wenn das für die Jungens bedeuten würde, daß sie mitten in den Feuervorhang der dichten Flakgürtel um Catania hineinfliegen müssen. Werden wir zu weit auseinander verstreut abgesetzt, dann muß damit gerechnet werden, daß wir so an Kampfwert verlieren, daß jeder kleine Gegenstoß unseren Auftrag vereitelt. Und am Erfolg dieses Einsatzes hängt ja alles. Sie verstehen, Sir, daß ich diese Dinge kategorisch fordern muß, damit es uns nicht so geht wie dem amerikanischen Fallschirmjäger-Regiment 504 bei Gela, das erst nach zwei Tagen beisammen war."

„Es ist alles genau geplant, Lathbury. Die Piloten haben die genauen Instruktionen erhalten und werden Sie dort absetzen, wo Sie hinwollen."

„Noch eins: Die beherrschenden Höhen südlich der Primasole-Brücke und der Ort Primasole selbst müssen schnellstens in Besitz genommen werden."

„Das besorgt Major Lonstail mit dem zwoten Bataillon. Besprechen Sie untereinander die Aufteilung der Aufgabe und legen Sie das Ergebnis vor."

Die Besprechung glitt in die Detail-Absprachen ab. Die Einheitsführer machten sich ihre Notizen. Dann war die Besprechung, in der es darum ging, den Stoß auf Catania möglich zu machen, zu Ende.

Die Männer erhoben sich, grüßten sich verabschiedend und gingen ins Freie. Kurz darauf rollten die Jeeps zu den Einheiten zurück, und von der Stabsfunkstelle wurde der Einsatzbefehl nach Kairouan weitergegeben, wo die britischen Fallschirmjäger einsatzbereit lagen und auf den Startbefehl warteten.

## VI.

„Paßt nur auf, auf einmal landen unsere Kameraden von der anderen Feldpostnummer hinter unserem Rücken, und wir sitzen mitten in der Tinte. Genau so, wie sie es unten am Anapo gemacht haben."

„Hör auf zu unken, Jürgen! Jetzt ist es doch aus mit der Überraschungstaktik der Tommys."

Stabsgefreiter Theo Reuyter, seines Zeichens MG-Schütze I in der ersten Gruppe des MG-Zuges des Fallschirm-MG-Bataillons 1, gähnte und reckte die Arme. Dann drehte er sich auf die Seite, um zu Jürgen Vormann hinübersehen zu können.

„Hast du noch ein Stäbchen, Jürgen?"

„Hier, du alter Schnorrer! Aber paß auf! Ist eine italienische; Marke Handgranate."

„Wieso denn Handgranate?"

„Wohl 'ne zu lange Leitung, was? — Anstecken und wegwerfen."

„Das ist vielleicht ein alter Hut", fiel einer der hier lagernden Männer ein.

„Die Hauptsache ist, daß Theo ihn noch nicht gekannt hat", grinste Jürgen Vormann.

„Nun sind wir also wieder glücklich im Einsatz, Kinder."

„Im Einsatz ja, aber ich muß offen gestehen, daß ich in Avignon glücklicher war als hier im Schlamassel südlich Catania, wo man nicht mal weiß, wo Freund und Feind eigentlich liegen."

„Das kann ich mir lebhaft vorstellen. In Avignon hast du eine süße kleine Puppe gehabt, und hier wird es nichts anderes geben als blaue Bohnen."

„Es sind doch noch ein paar Reste von der Division drüben geblieben. Du hättest dich einfach zu diesem Haufen versetzen lassen sollen, Theo", warf Unteroffizier Paul Gross, der Führer der MG-Gruppe, ein.

„Und wer soll hier auf euch aufpassen? Wer soll euch trockenlegen, wenn Onkel Theo nicht da ist?"

Theo Reuyter grinste seine Kameraden an. Im Mondlicht, das durch die Bäume der Apfelsinenplantage hereinstäubte, erkannte er, daß sie lachten, und er grinste mit.

„Bißchen primitiv hier, findet ihr nicht auch?" warf Oskar Poppek ein. „Nicht mal 'ne Feldküche!; von einem anständigen Lokus ganz zu schweigen."

„Zum Spatengang brauchst du bloß rechts 'raus zu gehen, und unsere Verpflegung lassen wir einfach in der Sonne garkochen. Das haben wir doch gestern in Pompigliano gemerkt, daß es hier heiß hergehen wird."

„Menschenskinder, ich dachte schon, wir wären dort endgültig liegengeblieben und nicht mehr hochgekommen. Uns fehlte aber auch einfach alles. Selbst das bißchen Sprit, das nötig war, uns hierher zu karren, mußte noch gesucht werden."

„Wenn wir den Sprit nicht bekommen hätten, dann wäre vielleicht dein sehnlichster Wunsch ‚Neapel sehen und sterben' in Erfüllung gegangen, Theo."

„Auf jeden Fall brauchten wir nicht wie die Kameraden vom 3. Regiment im Sprungeinsatz auf dieser beschissenen Insel zu landen. Ich habe nach unserer großkotzigen Landung auf dem Flugplatz Catania gehört, daß sie große Ausfälle hatten. Gebirgiges Land. Außerdem hatten die Bombenteppiche eine Masse Löcher gerissen. Und da auch noch der Wind zu scharf wehte, waren alle schlechten Voraussetzungen zu einem Sprungeinsatz gegeben."

„Darum sind wir ja auch lieber mit unseren He 111 auf dem Flugplatz von Catania gelandet. Also konnte uns nichts passieren."

„Und die Spitfires, die uns beim Landen zur Sau machen wollten? War das etwa nichts? Menschenskinder, wie die aus allen Knopflöchern feuernd auf uns 'runterstießen und wir nicht mal zurückschießen konnten."

„Wie dem auch sei, jetzt liegen wir hier im Apfelsinenhain bei Pramisole sicher wie in Abrahams Schoß, und unser Alter ist nach Lentini zum Regiment 3 gesaust, um sich einen möglichst brenzligen Einsatzort zu suchen, wohin wir geworfen werden können."

„Hauptmann Laun, unser Alter, wird den Major hier würdig vertreten, falls der Tommy hier einen Überraschungsangriff planen sollte oder von See her landet."

Die Männer der MG-Gruppe unterhielten sich halblaut. Vor einer Stunde hatte es warme Verpflegung gegeben, und während die Wachen an den Rändern des Apfelsinenhains aufgezogen waren, rüsteten sie sich zum Schlafengehen.

Sie wußten alle, daß sie von nun an jede freie Minute nutzen mußten. Sie kannten diesen Dienst, weil sie lange genug bei der Fallschirmtruppe waren. Wo sie standen, dort wurde es brenzlig. Wo sie waren, da war das Zentrum des Schreckens, da war an Schlaf nicht zu denken. Darum war Vorschlafen alles. Wenn erst der Einsatz rollte, würde es nichts anderes mehr geben.

Zigarettenenden glühten durch die Dunkelheit. Der vom Meer wehende Wind brachte nach der Gluthitze des Tages ein wenig Abkühlung. Er bewegte die Wipfel der Bäume und brachte eine Ahnung von Salz und Tang und frischem Wasser mit.

Nach ihrer Rückkehr aus Rußland — wo die Fallschirmjäger-Division 1, und auch das Fallschirm-MG-Bataillon, im Raume Smolensk und Orel eingesetzt gewesen war — hatten sie zur Auffrischung nach Südfrankreich verlegt. Die Lücken, die der harte russische Einsatz gerissen hatte, waren aufgefüllt worden, und die Männer, die hier auf Sizilien auf ihren neuen Einsatz warteten, waren frisch und ausgeruht.

„Mir wäre viel wohler, wenn nicht so viele unserer Go 242 (Lastensegler) zu Bruch gegangen wären", durchbrach Oskar Poppek die Stille. „Jetzt fehlen uns die schweren Waffen an allen Ecken und Enden. Wenn die Tommys mit Panzern kommen, sind wir im Eimer und können einpacken."

„Ach was, Oskar, Fallschirmjäger brauchen doch nur Messer", fiel Stabsgefreiter Reuyter wieder ein. „Das haben sie doch an der Invasionsfront gesagt, als das Fallschirmjäger-Regiment 6 nach Schweren Waffen rief, um Carentan verteidigen zu können. Und bei uns ..." Theo Reuyter hob ruckartig den Kopf. „Ruhe mal!"

Mit einem Male hörten es auch die anderen. Von Südosten her dröhnte es in wuchtigen, wummernden Schlägen und wurde vom leichten Wind zu ihnen herübergetragen. Und dazwischen vernahmen sie jetzt auch hektisches Gehämmer und helleres, unsagbar schnelles Geknatter.

„Bombenwürfe und Luftabwehrgeschütze. Das sind die Bomber des II. Fliegerkorps. Der Leutnant in Catania hat uns doch so was geflüstert, daß sie einen Großangriff fliegen würden."

„Wenn das nur nicht die Tommys sind, die die unseren zur Sau machen."

Eine Gestalt tauchte aus der Tiefe des Haines auf. Sie kam genau auf sie zu.

„Was ist da drunten los, Herr Oberfeld?"

Oberfeldwebel Wegleitner, der MG-Zugführer, war herangekommen. Unteroffizier Gross war aufgesprungen und seinem Zugführer ein paar Schritte entgegengegangen.

„Deutscher Bombenangriff auf den Hafen von Augusta, wo die alliierten Schiffe sich versammelt haben und ein gutes Ziel bieten."

„Hoffentlich hauen sie gleich den Hafen zusammen, den Admiral Leonardi kampflos den Alliierten übergeben hat."

„Na also! Habe ich doch gleich gewußt."

„Ist hier alles in Ordnung, Gross? Alle Waffen klar? Wachen eingeteilt?"

Der Unteroffizier nickte. „Bestens, Herr Oberfeld!"

„Meine Güte, die halten vielleicht 'rein!"

Das Gehämmer der Schweren britischen Flakgeschütze, das zuerst nur schwach zu vernehmen gewesen war, hatte sich innerhalb dieser einen Minute zu einem wüsten Tohuwabohu schmetternder und hämmernder Töne gesteigert. Sie hörten das pausenlose Stakkato der Leichten Schnellfeuergeschütze dazwischenbellen und sahen weit im Südosten die Leuchtspurgeschosse in den Himmel emporzischen und ihr Spinnennetz der Vernichtung durch die Nacht weben.

„Sie schießen Vorhang, damit unsere Bomber nicht durchkommen und nicht zum Wurf 'rankommen."

Als Oberfeldwebel Wegleitner sich dem Sprechenden zuwandte, stieß er einen überraschten Pfiff aus. Im silbergrünen Schimmer des Mondlichtes, das durch die Zweige der Apfelsinenbäume in den Hain fiel, sah er die ausgelatschten Wehrmachts-Sportschuhe an den Füßen des Stabsgefreiten. Sein Blick glitt von unten nach oben und blieb verblüfft an dem Schal hängen, den sich Theo Reuyter um den Hals gewrungen hatte. Er zog mehrmals hörbar die Luft ein.

„Menschenskind, Reuyter, wie sehen Sie denn aus? Sie kommen mir vor wie eine Spitzwegfigur auf Urlaub, Sie Schlot!"

„Jawoll, Herr Oberfeld!" grinste Theo bereitwillig.

„Wenn die Tommys angreifen, werden Sie mit diesem Schuhzeug die Socken verlieren, Kerl!"

„Habe nicht die Absicht, zu laufen, Herr Oberfeld. Haben ja unsere Spritzen dabei. Damit werden wir die Tomys laufen lehren."

Jetzt grinste Oberfeldwebel Wegleitner ebenfalls. Er wandte sich dem Gruppenführer zu.

„Aufpassen, Gross! Hundertprozentige Wachbereitschaft. Ich habe so eine Ahnung, daß irgend etwas im Stock ist. Jede verdächtige Bewegung sofort melden, ist das klar?"

„Jawoll, Herr Oberfeld!"

Die breite, hochgewachsene Gestalt des Zugführers verschwand in Richtung zur nächsten Gruppe.

„Daß du den Alten auch immer auf achtzig bringen mußt, Theo. Du weißt doch, daß er auf Ordnung hält. Konntest du dich nicht weiter rückwärts in den Schatten verkrümeln?"

„Dann hätte er gedacht, ich wäre schon wieder zum Organisieren unterwegs", fiel Theo wieder ein.

„Nur keinen Streit, Kinder! — Wie spät haben wir's denn eigentlich?"

„Gleich 23 Uhr."

„Anscheinend ist es Schluß mit dem Bombardement!"

Der Feuerlärm hinter ihnen war verstummt. Vom Postenstand aus hörten sie das Klirren von Stahl auf Stahl, als sich jetzt die Wachen ablösten.

„Es ist zum Bebaumölen. Normalerweise wartete jetzt meine Kleine in Avignon auf mich."

„Die wird heute auch warten, Oskar. Aber auf deinen Nachfolger. Oder glaubst du, sie hätte sich noch keinen wieder angelacht?"

„Sie geht bestimmt nicht in Sack und Asche!" schürte Theo geschickt dieses Flämmchen.

„Yvonne nicht, Viktor!"

„Du hast vielleicht 'ne Ahnung, Alter! Sie wird, kann ich dir sagen! Diese Mädchen sind wie Straßenbahnen. Sie warten immer darauf, jemanden mitzunehmen. Und ist mal einer abgesprungen, dann gabeln sie sich schnell genug einen anderen auf."

„Du hast ein Gemüt wie ein Fleischerhund. Und so was will Pastor werden."

„Vorläufig studiere ich erst Theologie. Vielleicht mache ich hinterher Jus weiter. Wenn ich bedenke, daß ich solche Heiden wie dich bekehren müßte . . ."

„Jus ist richtig, Viktor. Damit läßt sich was verdienen", fiel Theo wieder ein und machte sich gleichzeitig am MG zu schaffen. Er untersuchte das Schloß, wechselte den Lauf aus und sah nach, wieviel Gurte munitioniert waren.

Im Mondlicht erkannte Oskar Poppek — der Schütze II — das kantige Gesicht des Kameraden. Es erschien ihm wie mit der Axt behauen, und die dichten Augenbrauen, die über der Nasenwurzel zusammengewachsen waren, verstärkten diesen Eindruck noch. Nur die schmale, ein wenig gebogene Nase war fein modelliert und stand wie ein Adlerschnabel über dem breiten, energischen Kinn. Kurzes brünettes Stoppelhaar bedeckte den Kopf, und noch im Sitzen erkannte Oskar die massigen Schultern, die durchtrainiert und zum Schleppen des MG wie geschaffen waren.

Theo Reuyter war die Seele der Gruppe. Seit Rotterdam war er mit dabei. Über Kreta war er verwundet worden und hatte trotz dieser Verwundung die Verbindungsstraße zwischen Heraklion und Rethymnion bewacht und den Gegner gehindert, auf dieser Piste durchzubrechen. Vor Leningrad an der Newa war die zweite Verwundung fällig gewesen. Bei Orel hatte er sich das Deutsche Kreuz in Gold geholt, als er die in einem vorgeschobenen Beobachtungsposten eingedrungenen Russen allein wieder hinausgeworfen hatte, die von dort das Feuer ihrer Artillerie auf die deutsche Bunkerstellung leiteten.

Theo war so etwas wie ein Maskottchen des MG-Bataillons, obgleich er erst in Avignon vom Regiment 1 zum MG-Bataillon abkommandiert worden war.

Mit einem Schlage dröhnten im Süden abermals die Abschüsse der Schiffsgeschütze. Sogar die Schweren Türme schienen zu feuern. Überrascht fuhren die Männer in die Höhe.

„Das kann doch einfach nicht wahr sein! Zwei Angriffe in einer Nacht. Die werden sich doch nicht übernehmen", ulkte Koddebusch.

„Vielleicht feuern die Tommys auf ihre eigenen Maschinen", warf Jürgen Vormann ein und wußte noch nicht, wie genau er es damit getroffen hatte. Das Feuer schwoll zu einer gellenden Kakophonie des Verderbens an und brach dann nach drei Minuten schlagartig wieder ab.

Die Männer glitten wieder zurück und räkelten sich auf ihren Zeltbahnen zurecht.

„Hör mal, Jürgen, wo hast du eigentlich die Kiste mit den Ersatzgurten gelassen?" fragte Heinrich Anthes seinen Kameraden.

„Was willst du denn mitten in der Nacht mit der Kiste? Hat das nicht Zeit bis morgen?"

„Nein, ich will morgen früh in aller Frühe zur Bank, und da brauche ich die Kiste, um mein Kleingeld darin zu sammeln."

Gelächter flackerte auf, das mit einem Schlage verstummte, als plötzlich neben ihnen links und rechts der Küste die hier in die Südverteidigung von Catania eingebauten italienischen und deutschen Flakbatterien zu feuern begannen.

„Himmel, Arm und Zwirn! Daß die einen nicht mal eine Stunde in Ruhe lassen können!" fluchte Koddebusch.

„Was habe ich euch gesagt? Das waren vorhin Tommys. Jetzt geht es los mit dem Schlamassel."

„Brust waschen zum Heldentod, Kinder!"

Theo griff zum Stahlhelm und stülpte ihn sich auf den Kopf. Mit Daumen und Zeigefinger der Linken streifte er den Sturmriemen unter das Kinn, rückte dann den Stahlhelm zurecht und griff zum MG, das neben ihm lag.

Ein Melder kam aus dem provisorischen Bataillons-Gefechtsstand zu ihnen herübergelaufen. Unteroffizier Gross sprang auf und winkte ihn ein, damit er ihn sofort fand.

„Was ist los, Beckmann?"

„Feindlicher Luftangriff auf Catania. Wahrscheinlich sogar britische Landungseinheiten. Fallschirmjäger oder Luftlandetruppen. Volle Alarmbereitschaft!"

Noch ehe Paul Gross antworten konnte, war der Melder in Richtung auf die nächste Gruppe in der Nacht untergetaucht.

„Fertigmachen. Stellung beziehen!"

Sie nahmen ihre Waffen auf und gingen zum Ostrande des Haines, wo sie am Abend ihre provisorischen Stellungen vorbereitet hatten.

Theo Reuyter ging als erster. Koddebusch und Engler, die beiden anderen MG-Schützen I der Gruppe, folgten ihm. Links und rechts neben sich hörten sie den Klang von Stahl auf Stahl und das dumpfe Trappeln vieler Füße. Unterdrücktes Fluchen schallte durch die Nacht, die plötzlich ihre schwebende Leichtigkeit verloren hatte. Ein paar Befehle wurden erteilt. Es war so, als sei die mit einem Stock bewaffnete Faust eines Jungen in einen Ameisenhaufen gefahren und hätte ihn in Panikstimmung versetzt. Nur daß diese hektischen Bewegungen nicht von der gleichen Stimmung beherrscht wurden, sondern von den Notwendigkeiten der Verteidigung, die alle Männer kannten.

Das Feuer der deutschen Flak hatte sich innerhalb weniger Sekunden zu einem tosenden Crescendo verstärkt. Grelle Lichterschnüre flitzten zum Himmel empor. In verwirrenden Linien, in vielen sich miteinander verwebenden und schnell wieder entwirrenden Mustern flitzten die Vierfachschnüre der 3,7-cm-Vierlingsgeschütze dem Himmel — und damit dem Gegner — entgegen. Dazwischen wummerten drohend die Abschüsse der Achtacht, platzten die Geschosse mit berstenden Schlägen hoch am

Himmel auseinander und streuten den Stahl in großen grauen Wolken durch die Nacht. Weit über der See standen diese grauen Sprengwolken, und von dorther kam auch das dröhnende Konzert vieler Motoren.

„Da sind sie!"

„Verdammt, das sind wirklich Lastensegler, die diese Transporter mitschleppen."

„Und die Riesenkisten davor sind Dakotas für die Fallschirmspringer. Sie wollen hier im Sprungeinsatz landen, wie unser drittes Regiment."

Die ersten Maschinen wurden von den Geschoßbahnen aufgefaßt. Die mit Dauerfeuer von viermal 75 Schuß in der Minute feuernden Vierlinge sägten der vordersten Dakota beide Tragflächen dicht am Rumpf ab. Die Maschine legte sich auf den einen kürzeren Flügelstumpf und stieß trudelnd in die Tiefe. Der Pilot klinkte in letzter Sekunde den anhängenden Lastensegler aus.

„Sieh dir das an, die kommen nicht an Land!"

Sie sahen, wie der Lastensegler tiefer und tiefer hinunterging. Dann wurden sie durch eine Detonation abgelenkt, welche die getroffene Dakota in einer grellen Flammenrosette auseinanderplatzen ließ. Vom Lastensegler war nun nichts mehr zu sehen.

Für einen Augenblick dachte Theo daran, was mit den Männern geschehen würde, wenn sie auf See aufsetzten. Er ahnte ihren Kampf mit den Elementen voraus. Unter Aufbietung aller Willenskraft zwang er sich dazu, sich ganz auf seine Aufgabe zu konzentrieren.

Die Maschinen drehten jetzt von See her in die Ebene von Catania ein. Immer mehr kamen. Das Motorengedröhn überdonnerte nun alle anderen Geräusche, und nur an den emporflitzenden Leuchtspurschnüren und an den grellen Detonationen war das Feuer auf den Gegner zu erkennen. Mit greller Flamme barst einer der Lastensegler auseinander, der Munition gestaut haben mußte. Die zweite Dakota stieß im Sturzflug der Erde entgegen. Ein langer, schmaler Flammenstreifen flatterte hinter ihr her. Diese Flamme wurde von Sekunde zu Sekunde länger. Noch hatte die Dakota die Erde nicht erreicht, als auch sie auseinanderbarst.

Die Nacht wurde an dieser Stelle der Küste von einem wüsten Kaleidoskop der Vernichtung durchgellt. Das Dröhnen der Flugzeugmotoren klang den Männern gellend in den Ohren. Es wurde zu einem Orkan, in den hinein die Flakgeschütze ihren dröhnenden Kontrabaß geigten.

Die ersten Feindmaschinen — sie flogen in niedriger Höhe und waren darum ein gutes Ziel, selbst für die nun einsetzenden Zwozentimeter-Geschütze — begannen das ihnen entgegenschlagende Feuer aus den Bordwaffen zu erwidern.

In der mondhellen, von den bunten Flammenschnüren der Flak, den suchenden Scheinwerfern und den brennenden Maschinen zum Tage gemachten Nacht sahen die Männer des

MG-Zuges Wegleitner die ersten Lastensegler weit voraus niedergehen.

Aus dem Hain tauchte Oberfeldwebel Wegleitner auf und kam auf sie zugelaufen.

„Aufpassen! Feuer auf die einschwebenden Lastensegler eröffnen; ebenfalls auf die Dakotas. Sie sind nicht gepanzert."

Jetzt schwebten auch bei ihnen diese Riesenvögel ein. Jetzt galt es auch für sie, zu kämpfen und zu feuern.

Theo hockte hinter seinem MG und spähte dem Gegner entgegen, der sich schnell näherte. Als einer der ausgeklinkten Lastensegler eindrehte und ins Visier glitt, zog Theo den Abzug durch.

Der Feuerstoß ratschte hinaus. Das Maul des Schlosses fraß gierig den MG-Gurt und spie die leeren Hülsen mit Vehemenz zur Seite aus, während Poppek darauf achtete, daß die Gurte auch gut zuführten und nicht hängenblieben.

Die emporzischende Spur der leuchtenden Stahlprojektile zeigte Theo, daß er zu tief hielt. Dicht unter dem Bauch des Lastenseglers zischten die Geschosse hindurch und verglühten irgendwo weit draußen in der Nacht. Mit einer kleinen Korrektur zog Theo den Lauf höher.

Er sah, wie die Flammenschnur jetzt genau in die Kanzel des Lastenseglers hineinschlug, und ging mit. Es erschien Theo und Oskar Poppek, als machten diese kleinkalibrigen Geschosse dem Lastensegler überhaupt nichts aus. Er mußte doch schon von Geschossen durchsiebt sein. Doch dann drehte er ganz überraschend ab.

Als Theo die Breitseite sah, zog er den Lauf von links nach rechts und schmetterte einen langen Feuerstoß in die Flanke des Lastenseglers hinein.

Eine spitzzüngige Flamme brach aus dem Bauch des „Gliders" heraus. Dann platzte plötzlich Munition in vielen Farben auseinander, und gleichzeitig montierte der Lastensegler ab. Zwei schmetternde Detonationen rissen unmittelbar darauf den Rumpf in Fetzen, noch ehe er den Boden erreicht hatte.

„Laufwechsel!" schrie Theo und spürte, wie Viktor Literski, sein Schütze III, ihm den Lederlappen in die zurückgestreckte Faust steckte. Mit den schon so oft im Gefecht geübten Griffen hatte er den Lauf in sechs Sekunden heraus und schleuderte ihn zur Seite. Der Reservelauf wurde ihm angereicht, er setzte ihn ein, und zwanzig Sekunden nach seinem Ruf feuerte er schon wieder auf die jetzt dicht hintereinander und in breiter Formation einschwebenden Lastensegler und Dakotas.

Gleich ihm hatten alle MG des Zuges, die am Rande des Haines aufgestellt waren, in das Feuer eingegriffen. Dicht bei dicht zischten die Flammenschnüre in den Himmel empor. Das Knattern der MG verstärkte das Getöse der Nacht noch um einen hohen ratternden Unterton, daß es schien, als sei sie tobsüchtig geworden.

Drei, vier, fünf Lastensegler brannten jetzt und kreisten wie trunkene Motten am hellen Nachthimmel. Unablässig zischten die Feuerschlangen der Leichten Flak, die im Südbereich des so wichtigen Flughafens Catania gleichzeitig mit der Schweren Flak aufgestellt worden war. Die Achtacht feuerten auf die Dakotas, die in höchstens vierhundert Meter Höhe eindrehten und aus deren Türen eben die britischen Fallschirmjäger ausbooteten.

Detonationen gellten durch die Nacht. Die MG des Zuges feuerten, und die schweren Maschinen erwiderten dieses Feuer mit ihren MG. Die ausgeklinkten Lastensegler glitten tiefer und landeten irgendwo in der Runde. Wo die Piloten in den Schußbereich der deutschen Flak gerieten, klinkten sie ihre Last aus und versuchten, zu drehen und den Todesschleier aus Geschossen zu vermeiden. Von einem Ausklinken über dem Ziel war nicht mehr die Rede. Nur loswerden wollten sie die Lastensegler. Nur springen sollten die Fallschirmjäger. Wo sie sprangen, das war gleich. Nur 'raus aus den Maschinen, damit diese wieder abdrehen und sich in Sicherheit bringen konnten.

Brennend stießen ein paar Dakotas in die Tiefe. Andere drehten — vor diesem dichten Feuervorhang zurückschreckend, der für viele Maschinen schon vernichtend gewesen war — auf die offene See hin ein, um es an einer anderen, nicht so scharf bewachten Stelle der Küste abermals zu versuchen.

Der Himmel war wie in Glut getaucht. Die Spinnennetze der Leuchtspurgeschosse überzogen ihn mit einem wirren Geflecht in grellen Farben. Es war ein fürchterliches, ein erschrekkendes Bild der Vernichtung, das sich hier den Augen der deutschen Fallschirmjäger bot. Es war ein Bild des Grauens und des Todes.

Sie sahen die englischen Fallschirmjäger, in ihren Schirmen hängend, der Erde entgegenstreben und wußten um die Gedanken und Hoffnungen dieser Männer. Sie wußten, was in ihren Herzen lebte und was sie mit eisigem Entsetzen erfüllte. Ja, es gab niemanden, den nicht in solchen Situationen die Furcht angefallen hätte. Je näher sie der Erde kamen, desto sicherer konnten sie von den MG-Salven aufgefaßt und erschossen werden.

Und daß der Tod unbarmherzig zuschlug, das sah Theo Reuyter an den steif in den Gurten hängenden Körpern, die in der Nähe niedergingen.

MG-Feuer schlug ihnen entgegen, als eine Dakota in niedriger Höhe über sie hinwegflog. Sie duckten sich unwillkürlich zusammen, als die Flammenschnüre ihnen entgegenzischten. Querschläger heulten, von den Stämmen der Apfelsinenbäume abprallend, durch den Hain. Irgendwo weiter seitlich schrien ein paar Kameraden gellend auf. Dann hatten fünf, sechs MG die Dakota aufgefaßt und begannen zu feuern. Gleich einem vielarmigen Stern zischten die MG-Salven alle an einem Punkt zusammen. Sie schmetterten dicht bei dicht in die

Kanzel der Maschine und in ihren Bauch hinein. Jäh zog die Dakota hoch und stürzte dann steil in die Tiefe, um hinter dem Hain auf einem Weizenfeld zu zerschellen.

„Die Dakota vor uns, Theo!"

Die höchstens vierhundert Meter hoch fliegende Maschine kam genau auf sie zu. Deutlich konnte Theo ihre Schnauze erkennen. Eine spitzzüngige Flamme schnellte aus der Kanzel heraus und zischte der Erde entgegen. Dann noch eine. Die hüpfende Flammenspur kam rasend schnell näher, und klatschend schlugen die Geschosse keinen Meter neben Poppek in den Boden. Dann glitt sie mit unwahrscheinlicher Geschwindigkeit vorbei und perforierte den Boden in genau gleichen Abständen und verlor sich hinter ihnen, um in die Bäume der Plantage hineinzuknattern.

In diesem Augenblick hatte Theo die Maschine aufgefaßt. Riesiggroß huschte sie über ihm heran und verdunkelte das Mondlicht. Der erste Feuerstoß klirrte in die Kanzel hinein. Theo sah, wie die Dakota mit einem jähen Ruck nach vorn kippte; so, als sei ihr Pilot mit seinem ganzen Körpergewicht auf den Knüppel gefallen, um sie im Sturzflug nach unten zu drücken.

Das Heulen der Motoren schwoll zu einem tosenden Inferno an, welches das Hämmern der Maschinenwaffen übertönte. Diese Maschine stürzte ihnen genau entgegen. Wenn sie diese Sturzrichtung beibehielt, dann mußte sie hier in den Grund schmettern und sie unter sich begraben.

Theo wollte aufspringen und zur Seite rasen. Er wollte sein MG hochreißen und vor dieser auf sie niederheulenden Gefahr davonlaufen. Aber er konnte es nicht mehr. Wie gelähmt lag er hinter dem MG. Er preßte sein Gesicht in den nach Heu duftenden Boden und wartete auf die Vernichtung, die auf sie herniederorgelte.

Dann schmetterte die Maschine dreißig Meter vor ihnen in den Boden und explodierte beim Aufschlag. Der Druck der Detonation traf sie hart und preßte sie noch fester an die Erde. Eine grelle, zweihundert Meter hohe Benzinflamme stieg in den Himmel empor, und darüber stand der schwarze Qualm wie ein riesiges Ausrufezeichen der Vernichtung.

In der weiten Ebene von Catania ebenso, wie dicht bei ihren Stellungen, sahen die Männer des MG-Bataillons die springenden englischen Fallschirmjäger. Sie hingen an ihren weit geblähten Schirmen und pendelten der Erde entgegen. Der leichte Seewind trieb sie weiter landeinwärts. Im Augenblick des Falles waren sie vollkommen wehrlos.

Sie alle, die sie in den Gefechtspausen fasziniert in den Himmel starrten, wußten um die drohende Gefahr, in der diese Männer schwebten. Hatten sie nicht alle schon in den gleichen Situationen gestanden? Waren sie nicht unter gleichen — und auch unter noch schwereren Bedingungen — gesprungen? Über Rotterdam, bei Eben Emael und über Kreta? Hatten sie nicht die gleiche Lust und die gleiche Furcht verspürt?

Einer der Fallschirme flackerte — von einer Leuchtspurserie getroffen — hell auf. Die Flamme fraß die Seide des Schirmes innerhalb weniger Sekunden auf, und der in den Gurten hängende Fallschirmjäger stürzte wie ein Stein der Erde entgegen, um unten beim Aufschlag zu zerschellen.

Dann sah Theo eine Gruppe, die schon sprang, als sie sich noch über See befanden. Vielleicht erreichten sie — vom Wind getrieben — das Ufer.

Er wünschte plötzlich inständig, daß sie es erreichen möchten. Sie waren seine Gegner, aber er wünschte sich innig, daß sie nicht so grauenhaft umkommen möchten. Er wünschte es sich so stark, wie er sich lange nichts mehr gewünscht hatte. Und es gab keinen unter ihnen, der nicht das gleiche gewünscht hätte.

Die Nacht war immer noch in eine Lärmhölle verwandelt. Wenige Minuten waren erst vergangen. Minuten, die wie Äonen zählten. Wo vorher Stille über dem Land gelegen hatte, war jetzt das Getöse des Krieges laut geworden. Hier schlug der Krieg zu, und die Männer, die hinter ihren Maschinengewehren lagen und versuchten, den Gegner daran zu hindern, sizilianischen Boden zu betreten, wußten, daß es jetzt wieder soweit war. Von nun an wurde auch wieder an sie die Forderung gestellt, die alles barg. — — — Auch den Tod.

Wie schon so oft vorher, so standen sie auch diesmal wieder mitten im dramatischen, fürchterlichen Brennpunkt des Geschehens. Wieder mußten sie sich bewähren und den Gegner vernichten; wenn nicht sie vom Gegner vernichtet werden wollten.

Nur diese eine Alternative gab es für sie. Nur diese eine Möglichkeit gab es auch für den Gegner. Alles andere war sinnlos. Sie waren keine Helden, wie das in den PK-Berichten immer wieder gepredigt und in Filmen für die Wochenschau heruntergekurbelt wurde. Sie waren Menschen, die das Leben liebten und die einzig und allein darum ihr Leben einsetzten, weil sie am Leben bleiben wollten.

Töten oder getötet werden. Das war die schreckliche Devise eines jeden Krieges.

Theo Reuyter sah die brennenden Maschinen. Er sah, wie die Dakotas der dritten Gruppe, aus der eben die Fallschirmjäger ausbooteten, mitten in das konzentrierte Flakfeuer hineinstießen. Er erkannte die Feuerschnüre, welche Menschen und Fallschirme und Maschinen zerrissen. Dann schmetterte ein Volltreffer in eine Dakota hinein, und in der Detonation wurden auch die Fallschirmjäger in Stücke gerissen, die noch im Transportraum auf ihren Sprung warteten.

So war es ihnen über Kreta ergangen. Und so erging es jetzt ihren tapferen englischen Gegnern hier über Sizilien. Der Krieg schlug zu. Und wo auch immer diese wagemutigen Einsätze geflogen wurden und wer auch immer sie flog und sprang; der Gewinner war immer der Tod.

Brennende Maschinen drehten nach Süden ab, verfolgt vom Feuer der weitreichenden Achtacht-Geschütze. Einige Maschinen wurden noch im Abdrehen vom Himmel heruntergeholt. Dann war dieser nächtliche Spuk — so überraschend wie er eingesetzt hatte — wieder zu Ende.

„Herr Hauptmann, feindliche Fallschirmjäger haben den Ort Primasole besetzt."

Der in den Bataillonsgefechtsstand stürmende Melder atmete schwer. Er hatte die Fahrerbrille auf die Stirn zurückgeschoben und wartete auf das, was ihm der Bataillonskommandeur sagen würde.

„Danke! Warten Sie, ich habe eine Meldung für Catania."

Hauptmann Laun, der in Abwesenheit von Major Schmidt das Bataillon führte, drehte sich zum Bataillonsadjutanten um.

„Fertig, Herr Hauptmann!"

„Hier, Böcker. Sofort zum Quartiermeister der Fallschirmjäger-Division, Hauptmann Specht."

Der Kradmelder nahm die Meldung entgegen, steckte sie in die Meldetasche, salutierte und verließ den Gefechtsstand. Hauptmann Laun hörte den Motor des Krads aufbrüllen, dann schoß der Melder davon. Der stellvertretende Bataillonskommandeur wandte sich wieder den Kompanieführern zu, die er sofort nach den gemeldeten Feindlandungen zu sich auf den Gefechtsstand hatte rufen lassen.

„Peters, Sie kämmen mit der Zwoten und dem ersten Zug der Ersten die Umgebung nach gelandeten Fallschirmjägern durch. Keller und Wille, Sie gehen von hier aus mit der Ersten und der Dritten von Süden und Südosten auf Primasole vor und nehmen den Ort, ehe sich die gesprungenen Feindverbände sammeln können. Es dürften kaum mehr als siebzig oder achtzig Mann in Primasole sein. Der erste Zug der Ersten stößt sofort nach Beendigung seiner Aufgabe nach."

Die Kompanieführer machten sich ihre Notizen.

„Hier sind die eingegangenen Abschußmeldungen, Herr Hauptmann."

Oberleutnant Meyer, der Bataillonsadjutant, reichte Hauptmann Laun die Meldungen über den Tisch. Der Hauptmann warf einen Blick darauf. Dann wandte er sich den Kompaniechefs zu.

„Kameraden, das MG-Bataillon hat von den anfliegenden Feindverbänden drei Dakota-Transportmaschinen und fünf Lastensegler abgeschossen."

„Die Flak wird ebenfalls eine Reihe heruntergeholt haben. In meinem Abschnitt sind von ihr allein vier Maschinen heruntergeschossen worden", warf Hauptmann Keller ein.

„Also, es gilt, schnell zu handeln. Es ist ungeheuer wichtig, daß Primasole wieder in unseren Besitz kommt. Alles andere wird sich noch finden."

„Die Fallschirmjäger werden es auf die Simeto-Brücke abgesehen haben, Herr Hauptmann."

„Was sollen sie mit der Brücke? Dann müßte doch die britische 50. Division näher dran sein. Allein ist es ihnen doch unmöglich, die Brücke zu halten."

„Wenn sie erst einmal die Sprengladungen herausgerissen haben, wird es für uns schwer sein — selbst wenn wir mit den hier stehenden schwachen Kräften die Brücke in Besitz nehmen könnten — sie wieder rechtzeitig zu verminen und in die Luft zu jagen, bevor der Gegner mit seinen Schweren Waffen sie erreicht hat."

„Unken Sie nicht, Keller. Aber Sie könnten wirklich recht haben. Schließlich stehen wir allein hier. — — Aber weiter im Süden steht das Regiment 3. Falls Ihre These zutrifft, müßte der Gegner das Regiment kassiert haben. Oberst Heilmann würde sie niemals kampflos durchmarschieren lassen."

Hauptmann Laun erhob sich. Die Kompaniechefs standen ebenfalls auf. Zwanzig Sekunden lang war nichts anderes zu hören als das Scharren der Stühle. Dann räusperte sich Hauptmann Laun.

„Hals und Beinbruch! Jede Besonderheit sofort melden."

Die Männer salutierten und verschwanden hintereinander ins Freie. Nur der Bataillonskommandeur und der Adjutant blieben zurück.

## VII.

„Stoßtrupp, Kinder! Fertigmachen! MPi, Handgranaten, ein MG."

Unteroffizier Gross war von der Besprechung zurückgekommen. Er sprudelte alles in einem Satz heraus, ergriff seine MPi und hängte sie sich um.

„Was sollen wir denn schon wieder?"

„Niedergegangene Fallschirmjäger aufsammeln und hierher bringen."

Wie die erste Gruppe des MG-Zuges, so gerieten auch die anderen Gruppen in Bewegung, und drei Minuten später brachen sie auf in die Richtung, wo die meisten der gelandeten britischen Fallschirmjäger vermutet wurden. Zum erstenmal standen sich nun auf dem europäischen Kriegsschauplatz britische und deutsche Fallschirmjäger gegenüber. Rote Teufel kämpften gegen die Grünen Teufel.

Vor sich sah Theo Reuyter die breite, wuchtige Gestalt von Unteroffizier Gross, und weiter nach rechts hinüber, dort, wo die zweite Gruppe schon zur Schützenkette ausgeschwärmt war, erkannte er Oberfeldwebel Wegleitner, den riesigen Bayern, der als Vorarbeiter einer Holzfällergruppe wußte, wie er seine Fäuste gebrauchen mußte.

Tiefgeduckt, immer im Abstand von vier Schritten zueinander, schlichen sie durch das Gelände. Sie passierten ein niedriges Wäldchen aus Pinien und pirschten sich am Rande eines Weizenfeldes weiter vor.

Theos Fäuste umklammerten den Stahl der MPi, die er anstatt des MG bekommen hatte. Der Gedanke kam ihm, während sie geräuschlos weiterschlichen, daß er jetzt sofort den Zeigefinger der Rechten krümmen würde, wenn er einen Gegner auftauchen sah. Ein einziger Druck seines Zeigefingers, und die Schüsse fetzten aus dem Lauf, um Leben zu vernichten. So einfach war das.

Mit einem Seitenblick nach links versuchte er Oskar zu entdecken. Da war er; gleich ihm ein Glied in der weit auseinandergezogenen Schützenkette, die das Gelände südlich Primasole abkämmte, um keinen der weiter südlich gesprungenen Fallschirmjäger mehr in den Ort gelangen zu lassen. Jeden Augenblick konnten ihnen die Feuerstöße aus britischen Sturmgewehren entgegenflitzen.

Vor Theo bewegte sich etwas in einem niedrigen Myrthengebüsch. Eine Sekunde spähte er angestrengt dort hinüber. Schon wollte er den Blick weitergleiten lassen, als ihn eine Bewegung fesselte. Er sah schärfer hin und zuckte zusammen, als habe er mit der Hand eine unter Starkstrom stehende Leitung berührt. Kein Zweifel war möglich. Dort vor ihm, hinter dem Gebüsch, bewegte sich etwas. Es konnte kein Tier sein, dazu war diese Bewegung zu hoch.

Oder war es doch nur eine Katze, die vielleicht auf einem Felsen saß, wie sie überall den Boden bedeckten?

Die Kumpels würden sich totlachen, wenn er wegen einer Katze Alarm gab.

Theo Reuyter spürte, wie ihm plötzlich die Füße schwer wie Blei wurden. Aus dem Magen stieg ein Gefühl eisiger Kälte in ihm hoch. Im Halse spürte er jähe Hitze. Er preßte die Linke um den Lauf der Waffe.

Mit einem Male war es ihm, als zwänge ihn eine unbekannte Kraft, stehenzubleiben. Was lief er denn weiter? Schließlich war er nicht lebensmüde. Wenn dort hinter dem Gebüsch wirklich ein Tommy lag? Der Gegner brauchte nur seine Waffe zu heben. Eine winzig kleine Bewegung, und er — Theo Reuyter — blieb getroffen liegen.

Aber er ging trotzdem weiter. Noch zehn Schritte, noch fünf. Erneut stellte er eine Bewegung fest. Noch drei Schritte.

Jetzt sah Theo etwas aufblitzen. Deutlich sah er zwei glühende Punkte, erkannte er die Umrisse einer Gestalt. Es war ihm, als schlüge eine Kugel in seine Brust und reiße ihn zurück.

Mit einem langen Satz schnellte er nach vorn und rammte im Fallen den Lauf seiner MPi in die Gestalt hinein, die das Schnellfeuergewehr hochriß. Er hörte einen unterdrückten Schrei, sah einen Stahlhelm und landete krachend auf dem Gegner.

Mit diesen Geräuschen ging schlagartig die Schützenkette zu Boden. Als Heinrich sich aufrichtete, stand Paul Gross schon neben ihm.

„Was ist, Theo?"

„Ein Tommy, Paul. Er wollte gerade feuern!"

„Also doch! Los, entwaffnen und ein Mann bei ihm bleiben. Was noch kommt, wird zurückgeschickt."

Sie schlichen weiter. Zehn Meter hinter dem ersten fanden sie zwei Verletzte. Einer hatte ein Bein gebrochen, während der andere anscheinend mit dem Kopf auf einen der vielen Felsen geschlagen war. Ein weißer Kopfverband leuchtete ihnen entgegen. Zehn Minuten später stießen sie auf eine Gruppe von vier Männern. Sie waren so deprimiert, daß sie sich widerstandslos entwaffnen ließen.

Schüsse bellten dreihundert Meter weiter seitlich durch die Nacht. Handgranaten detonierten. Dann ratterte ein britisches Schnellfeuergewehr. Und mit einem Schlage war wieder Stille. Schon glaubten sie, daß sie niemanden mehr finden würden, als es noch einmal vor ihnen lebendig wurde.

Aus der Nacht tauchte eine Gruppe von Männern auf und kam direkt auf sie zu. Schattengleich gingen sie in Deckung. Dann erkannten sie den Gegner. Aber weiter rückwärts tauchte plötzlich eine hochgewachsene Gestalt auf; ebenfalls mit dem charakteristischen englischen Stahlhelm. Sollten sie einen übersehen haben? Theo hob die MPi.

„Nicht schießen, es ist der Oberfeld!" zischte Paul Gross ihm zu, als er im Licht des Mondes das Gesicht des Zugführers erkannte.

„Miller?" hörten sie eine Stimme in reinstem Englisch. „Miller, have you the Men?" knarzte die Stimme abermals, und geistesgegenwärtig antwortete Oberfeldwebel Wegleitner im besten Schulenglisch, dabei aber nicht in die Richtung rufend, aus der diese Frage kam:

„Yes, Sir!"

Die Gruppe kam näher. Als sie noch fünf Meter von der in Deckung gegangenen Schützenkette entfernt waren, flogen die Waffen der Deutschen in die Höhe.

„Keinen Schritt weiter. Sie sind umstellt. Hände hoch!"

Die Männer blieben wie angewurzelt stehen. Die linke und rechte Flanke der Schützenkette schwenkte ein und begann, diese Gruppe zu entwaffnen.

„Captain, here are the . . ."

„Miller, the Germen!" brüllte der düpierte Offizier lauthals los, um den Kameraden zu warnen. Eine Sekunde später peitschten Schüsse aus einer Maschinenpistole durch die Nacht.

Theo sah die flackernden Flammenschnüre keine dreißig Meter seitlich von sich aufspritzen. Im Fallen brachte er die MPi nach vorn. Sie bockte in seinen Fäusten wie ein lebendes Tier, als er den Abzug durchriß. Die leeren Hülsen zischten in hohem Bogen zur Seite hinaus.

An vier, fünf Stellen gleichzeitig knallten jetzt die Feuerstöße. Als Theo den Oberfeldwebel seitlich von sich aufspringen sah, schnellte auch er sich vom Boden hoch und raste — im Laufen ein neues Magazin einrastend — der Stelle entgegen, wo zwei, drei weitere MPis in das Feuer einfielen und wo wahrscheinlich ein paar britische Fallschirmjäger zusammengefunden hatten und sich nun mit allen Mitteln verteidigten. Sie feuerten im Laufen. Jäh brach das Feuer des Gegners ab.

Ein Schatten tauchte genau vor Theo auf. Schon wollte er den Abzug durchreißen, als er erkannte, daß dieser Gegner die Arme über den Kopf erhoben hielt. Noch drei Männer kamen. Alle drei gleich dem ersten verwundet.

Der Warnruf des Captains hatte sie kämpfen lassen. Aber jetzt, da sie verwundet waren, jetzt, wo sie anscheinend von Gegnern eingekesselt waren, gaben sie diesen für sie aussichtslos gewordenen Kampf auf.

Die Verwundeten wurden versorgt. Zwei Männer fanden sie noch. Beide waren tot.

Mit den Gefangenen in der Mitte gingen sie eine Stunde später zurück und meldeten dem Bataillonskommandeur. Auch die anderen Suchtrupps trafen nacheinander ein. Sie hatten ebenfalls Gefangene gemacht, die jetzt nicht mehr in Primasole oder auf der Brücke als Verstärkung eintreffen konnten.

Insgesamt verlor die 1. britische Fallschirmjäger-Brigade unter General Lathbury 23 Maschinen durch deutsche und britische Flak. Es stellte sich später bei der Untersuchung heraus, daß die erste Gruppe der Dakotas zu früh nach Westen eingedreht hatte.

Da die im Hafen von Augusta liegenden britischen Schiffe vorher von deutschen Bomberverbänden angegriffen worden waren, vermuteten sie eine zweite Welle im Anflug und begannen auf die sich ihnen von See her nähernden Maschinen zu feuern, als diese in die 5-Meilen-Schutzzone eindrangen. Sie holten mit ihrem dichten Feuervorhang sechs Maschinen vom Himmel herunter, ehe sie erkannten, daß diese so unnatürlich niedrig fliegenden Maschinen Dakotas waren, die ihre Fallschirmjäger-Kameraden zu dem wichtigen Einsatz gegen die Simeto-Brücke brachten.

Annähernd dreißig Maschinen waren insgesamt schwer beschädigt worden und hatten ihr Einsatzziel ebenfalls nicht erreicht, sondern waren nach diesen Beschädigungen umgekehrt.

Diejenigen Dakotas aber, die ihre Fallschirmspringer abgesetzt hatten, waren zu weit von ihrem Ziel entfernt gewesen.

Das Flakfeuer hatte sie auseinandergesprengt, und die Fallschirmjäger waren zu weit auseinandergetrieben worden. Es war das eingetreten, wovor General Lathbury in der Stabsbesprechung dringend gewarnt hatte. Die Fallschirmjäger hatten keine Verbindung zueinander, und ihre Kampfkraft war dadurch dezimiert worden.

Einige Gruppen der am weitesten nach Süden abgesetzten britischen Fallschirmjäger sprangen sogar mitten in die Einheiten des Fallschirmjäger-Regimentes 3 hinein.

Zuerst hatten die Männer des ersten Bataillons, in dessen Bereich die Fallschirme niedergingen, geglaubt, daß ihnen Verstärkungen zugeführt werden sollten, auch wenn der Zeitpunkt nicht eben dafür sprach. Dann aber mußten sie erkennen, daß es der Gegner war. Sie wurden sogleich gebührend empfangen, ohne daß ein Schuß abgefeuert wurde. Nicht weniger als sechzig Männer der 1. britischen Fallschirmjäger-Brigade wurden allein vom ersten Bataillon des Fallschirmjäger-Regimentes 3 gefangengenommen.

Diese Männer waren überrascht, daß die deutschen Gegner sich ihnen gegenüber so ritterlich benahmen. Sie erhielten die geleerten Feldflaschen gefüllt, sie lagen mit ihren Gegnern zusammen unter dem südlichen Himmel, und nur daran, daß sie keine Waffen mehr hatten, war zu erkennen, daß sie Gefangene waren.

Einer Gruppe von vierundfünfzig Fallschirmjägern gelang es jedoch, die Primasole-Brücke zu erreichen. Sie machten sich sofort daran, die in die Sprengkammern der Brücke eingebauten Sprengladungen zu entfernen, und schoben einen schwachen Brückenkopf nördlich der Simeto-Brücke vor.

Noch in der Nacht gelang es hundert weiteren Fallschirmjägern, die in der Nähe niedergegangen waren, diese winzig kleine Brückenbesatzung zu verstärken. Unter ihnen befand sich auch der im Spitzenverband mitfliegende Brigadekommandeur, General Lathbury.

General Lathbury befahl Oberstleutnant Pearson, den Ort Primasole zu halten und die Höhen südlich der Primasole-Brücke zu besetzen.

Fast schien es so, als sollte dieser tollkühne Handstreich doch noch gelingen, nachdem so viel schiefgegangen war. Wenn jetzt die Sturmtruppen schnell genug nachstießen . . .

## VIII.

„Verdammte Zucht, da kommen wir nicht 'rein, Herr Oberfeld!"

Oberfeldwebel Wegleitner hob das Fernglas an die Augen. Er sah die Feuerzungen der MG-Salven aus den Häusern am Südrand von Primasole herausspritzen und hörte die Geschosse um sich herum gegen die Felsen, in die Bäume und in den Boden einhauen.

In einem weiten Bogen hatte sich das MG-Bataillon an Primasole herangearbeitet. Das Feuer, das den Fallschirmjägern entgegenschlug, zeigte ihnen, daß der Gegner bereit war, die Ortschaft zu halten und sie mit allen Mitteln zu verteidigen.

„Gruppe Gross nach links hinüber. — Sie gehen hinter den Hügel dort, bis Sie an den Südostrand von Primasole kommen. Dort gehen Sie in Stellung und geben mit Ihren MG Feuerschutz, damit wir hier weiterkommen."

„Waffen aufnehmen und folgen!"

Hintereinander gingen die zehn Männer der Gruppe — durch einen Hain von Aprikosen und Wein vor Feindsicht geschützt — zum Hügel hinüber.

Von Osten her hörten sie das rasend schnelle Tacken einiger MG-42. Dort waren die Kameraden der Dritten dabei, den Riegel aufzuknacken, den der Gegner um das Dorf Primasole gelegt hatte.

Noch in der Nacht hatte das MG-Bataillon die Umgebung durchgekämmt und neunzig Gefangene und Verwundete eingebracht. Eine größere Gruppe Fallschirmjäger hatte versucht, sich durch die Reihen der deutschen Fallschirmjäger durchzukämpfen und zur Brücke durchzuschlagen.

Unteroffizier Gross hielt die MPi schußbereit. Es war immerhin möglich, daß noch einige Versprengte irgendwo im Gebüsch versteckt waren und auf eine Chance lauerten, sich zu den anderen durchzuschlagen. Paul Gross kannte das von seinem Kreta-Einsatz. Auch dort waren sie — es war vor Heraklion gewesen — weit auseinander gesprungen und hatten noch nach Tagen einige Kameraden aufgegabelt, die sich ebenso versteckt hatten. Ihnen konnten die Engländer ja nichts vormachen. Auch wenn sie von der anderen Feldpostnummer waren, kannten sie den Dienst genau; dazu waren sie Fallschirmjäger.

„Ruhe dahinten!" gab Paul Gross durch, als das Scheppern von Stahl auf Stahl zu ihm nach vorn dröhnte.

„Bißchen langsamer vorn! Alter Mann ist doch kein D-Zug!" murrte Theo, der sein MG wieder geschultert hatte.

Stolpernd folgten die beiden MG-Schützen II und III mit den Munitionskästen. Gleich Girlanden hatten sich Theo und Poppek die Gurte umgehängt, um sie sofort greifbar zu haben, wenn der Gegner überraschend auftauchte.

Aber noch geschah nichts. Wohl hörten sie das Feuer aus dem Dorf zu sich herüberbranden: die MG-Salven und das Knattern der Schnellfeuergewehre, in das sich immer wieder das „Plop-plop" der britischen Werfer mischte.

Sie erreichten den Hügel. Auf einem kaum erkennbaren Pfad stieg Paul Gross empor. Auf halber Höhe angekommen, verließ er diesen Pfad und bahnte sich einen Weg nach links, um, noch durch den Hügel gedeckt, an Primasole heranzukommen.

Steineichengebüsche wechselten mit Wacholder ab. Auf dem Kamm des Hügels standen ein paar Agaven. Ihre drei bis vier Meter langen Blütenstengel ragten senkrecht, wie Fahnenstangen, aus den breiten, fleischigen Blättern heraus.

Es war inzwischen taghell geworden. Die Sonne war aus dem Meer aufgestiegen und überschüttete alles mit einer Flut gelben, strahlenden Lichtes, das sich auf dem Felsen brach und sie blendete.

Theo stieß einen leisen Fluch aus, als ein Steinbrocken unter seinem tastenden Fuß nachgab und zu Tal polterte. Er rutschte aus, fing sich an einem Gebüsch und hastete den anderen nach. Dann hatten sie den Rand des Hügels erreicht.

Halbrechts vor sich sah Unteroffizier Gross den Ort Primasole. Die Sonne spiegelte sich auf den Dächern und übergoß sie mit Gold.

„Wir müssen doch noch auf die höchste Kuppe 'rauf, damit wir sie einsehen können."

„Laß uns doch wenigstens eine Minute hier liegenbleiben", bat Werner Riske schweratmend. „Diese Kisten sind verdammt schwer!"

„Schämst du dich denn eigentlich nicht, du Weichmann?"

„Natürlich! Ich brenne vor Scham. Nur möchte ich trotzdem liegenbleiben." Sie lachten unterdrückt und gicksernd. „Außerdem habe ich kein Einreisevisum in meinem Soldbuch. Stellt euch vor, der Oberbürgermeister erwischt uns."

Wieder lachten sie, bis Paul Gross der Diskussion einfach ein Ende machte, indem er weiterging. Die Männer folgten ihrem Gruppenführer nach oben. Für den Bruchteil einer Sekunde erkannte Theo, ehe er hinter den anderen herging, ein paar Gestalten im Ort, die sich rennend in eines der Häuser am Südrand retteten, als sie Feuer bekamen.

Auf der Kuppe gingen sie hinter einem Gewirr niedriger Felsen in Deckung und brachten die MG in Stellung.

„Achtung! Aus dem Haus jenseits des Platzes kommen sie!"

Als Theo die aus dem Haus herausrasenden Engländer im Visier hatte, zog er den Zeigefinger krumm.

Die Gestalten fünfhundert oder sechshundert Meter unter ihnen schienen mitten im Lauf zu erstarren, als der Feuerstoß sie erreichte und von den Beinen riß. Tackend fielen die beiden MG der Gruppe in das Feuer ein.

Jäh verstummte das Feuer des Gegners. Mit einem Blick nach Süden hinunter erkannte Paul Gross, daß Oberfeldwebel Wegleitner den übrigen Zug sprungweise nach vorn brachte.

Wieder blitzte das Feuer des Gegners auf. Dorthin, wo die Abschüsse aufflammten, schossen die drei MG der Gruppe in kurzen, abgezirkelten Feuerstößen.

Auf einmal aber heulte es heran. Die Kuppe des Hügels schien plötzlich lebendig zu werden. Werfergeschosse schlugen ein und platzten mit grellem Reißen auf dem Fels auseinander. Stahlsplitter sirrten über ihre Köpfe hinweg, daß sie hinter den Felsen, in Erdmulden und Gesteinsvertiefungen in Deckung gingen. Ratschend wurden die Büsche von den sichelnden Schlägen der Splitter abgemäht. Das Trommeln der Werfergeschosse verstärkte sich mehr und mehr, bis die grauen Mäuse der Granaten pausenlos auf den Hügel niedergingen.

„Scheiße!" sagte Theo voll Überzeugung, als eine Werfergranate unmittelbar vor ihnen einhieb und sie abermals in volle Deckung zwang. Splitter landeten neben ihm an den Felsen.

„Haltet die Rüssel unten, es ist verdammt viel Eisen in der Luft", warnte Paul Gross.

Vorsichtig hob Theo eine halbe Minute später den Kopf, um nach Primasole hinunterzuspähen. Es war nicht eine Sekunde zu früh. Er sah eine Gruppe Engländer, die den Marktplatz überqueren wollten. Sein Feuerstoß riß ein paar von ihnen von den Beinen. Die anderen gingen in den Häusern und hinter niedrigen Mauern in Deckung. Abermals schmetterten ein paar Werfergranaten dicht neben ihnen in den Felsen hinein.

„Wir müssen hier weg. Die haben sich schon auf uns eingeschossen. Wenn sie erst mal alles hier 'raufschicken, können wir uns einbalsamieren lassen."

„Durch die Rinne dort hinunter und dann nichts wie ins Dorf! Dort können sie uns nicht beharken."

Paul Gross war vom Rand der Kuppe, wohin er vorgekrochen war, zurückgekommen. Er hatte einen geschützten Abstieg gefunden.

„Los, folgen! — — Gruppe macht einen geschlossenen Sprung — — auf maaarsch!"

Sie sprangen auf und rannten hinter ihrem Gruppenführer her. In langen Sprüngen raste

Unteroffizier Gross der Rinne entgegen, in der sie vor Feineinsicht und Geschoßwirkung geschützt waren, wenn nicht gerade ein Werfergeschoß genau hineinschlug.

Theo hatte sein MG hochgerissen und rannte der Rinne entgegen. Er spürte, wie seine Füße zu erlahmen drohten. Schwer wie Blei erschienen sie ihm. Ein gellendes Heulen ließ ihn blitzschnell in Deckung gehen. Mit hartem Schlag detonierte keine sechs Meter neben ihm eine Werfergranate und streute ihre Splittersaat umher. Hinter sich hörte er einen gellenden Schrei.

„Was ist los, Oskar?"

„Es hat Anthes erwischt", keuchte Poppek, als er sich neben seinen Schützen I in Deckung warf.

Ein Seitenblick zeigte ihnen, daß zwei Kameraden um den Getroffenen bemüht waren. An der Gebärde, mit der Unteroffizier Gross sich von dem in Deckung gezerrten Kameraden aufrichtete, erkannten sie, daß dem Kameraden Heinrich Anthes nicht mehr zu helfen war.

Eine weitere Salve Werfergeschosse ließ sie wieder in Deckung gehen. Dann sprangen sie gleichzeitig auf und schnellten sich erneut vor. Gleich darauf hatten sie die Rinne erreicht und hasteten in ihrer Deckung talabwärts.

Das Gehämmer der Maschinenwaffen verstärkte sich von Sekunde zu Sekunde mehr, bis es zu einem tosenden Inferno angeschwollen war. Von drei Seiten hörten sie jetzt das Feuer der MG-42.

„Die Erste hat Primasole angegriffen."

„Wir müssen schnellstens 'runter und helfen, Paul!"

Unteroffizier Gross nickte.

„Klar. — — Da, sie sind schwer in Druck!"

Er deutete nach rechts hinüber, wo eben zwei weiße Leuchtkugeln in den Morgenhimmel aufstiegen und mitten über Primasole auseinanderplatzten.

In der Rinne rannten sie weiter. Sie stießen gegen Felsen und zerschrammten sich die Knochen. Aber sie achteten nicht darauf. Werfergranaten schmetterten immer noch hinter ihnen auf die Kuppe nieder. Das Keuchen der Männer mischte sich mit dem Gepolter rollender Steine.

Plötzlich tauchten vor ihnen in der Rinne ein paar Gestalten auf. Theo Reuyter spürte, wie seine Hände plötzlich naß wurden von Schweiß. Er riß den Abzug durch und feuerte im Vorwärtshasten von der Hüfte aus. Der Gegner ging hinter einem Felsen zu Boden. Einer von ihnen aber kam nicht mehr so weit. Er blieb getroffen auf dem Grunde der Rinne liegen. Er versuchte noch einmal, sich auf die Ellenbogen aufzurichten. Doch dann schlug er schwer mit dem Gesicht auf den Fels.

Keuchend liefen sie weiter. Als zehn Meter vor ihnen vom überhöhten Rand der Rinne ein paar Engländer in die Senke hinuntersprangen, feuerte Paul Gross das ganze Magazin seiner MPi leer. Dicht vor ihm tauchte überraschend einer der in die Senke springenden britischen Fallschirmjäger auf. Paul sah den weit aufgerissenen Mund und sah die Augen, die sich in der Grimasse der Todesnot geweitet hatten.

Noch im Sprung riß der Gegner sein Schnellfeuergewehr hoch. Paul zog den Abzug seiner MPi, doch der Schlagbolzen klickte leer. Jetzt mußte der Gegner feuern. Paul warf sich zu Boden, und für den Bruchteil einer Sekunde war Koddebusch, der Schütze I des zwoten MG, schneller als der Gegner. Sein Feuerstoß warf den Gegner hintenüber.

„Weiter, schnell durch, ehe sie uns einschnüren!"

Im Weiterlaufen sah Theo die zusammengesunkene Gestalt des Gegners; sah er, wie Paul Gross sich wieder hochschnellte und ebenfalls nach vorn raste. Koddebusch war schon fünf, sechs Meter voraus und sicherte an der Stelle, wo die Rinne einen kleinen Knick machte.

Dreißig Meter weiter machte die Rinne einen schärferen Knick nach Westen und entfernte sich dadurch wieder von den Häusern am Südwestzipfel des Ortes. Aber gleichzeitig entdeckten Theo und Paul einen gut einen Meter tiefen Einschnitt, der im rechten Winkel in die Senke mündete. Dieser Einschnitt führte genau zum Dorf, und es war zu erkennen, daß er künstlich angelegt worden war. Wohl zur Entwässerung des Dorfes und zur Ableitung der Abwässer.

Die Büsche, mit denen der obere Rand des Grabens bewachsen war und den Einschnitt an mehreren Stellen völlig überwucherten, zeigten Feuchtigkeit an.

Als sie hintereinander in diesen Graben hineinschlüpften, trat Theo in ein Rinnsal. Raschelnd arbeitete er sich durch das Gebüsch. Es stank gleichzeitig nach Kloake und dem würzigen Duft des Thymian, der die Ränder säumte. Der Gruppenführer hatte die Spitze übernommen.

Tiefer und tiefer drangen sie in den Graben ein. Das Feuer aus dem Dorf und die MG-Salven der Angreifer wurden immer stärker. Schon hörten sie die Abschüsse der Werfer überscharf heraus. Dann wurde es weiter vorn jäh licht. Dort mußte der Graben zu Ende sein. Von dort aus drohte Gefahr.

Als Unteroffizier Gross das erste Haus von Primasole keine fünfzig Meter vor sich auftauchen sah, verhielt er im Vorwärtsstürmen. Er versuchte, seinen Atem wieder unter Kontrolle zu bringen.

„Wir sind am Dorfrand!" Flüsternd wurde es weiter durchgegeben.

Das vom Ostrand des Dorfes herüberschallende Gehämmer der Waffen war noch immer nicht verstummt. Der Gegner hielt zäh und mit letztem Einsatz diesen Flecken. Er hatte noch nicht aufgegeben. Aus den Häusern feuerte es in pausenlosem Stakkato.

Von der Hinterseite des Hauses, dem sie entgegenstrebten, sah Paul Gross ein paar Engländer mit ihren flachen Helmen auftauchen und in den gleichen Graben springen, in dem sie auch die letzten Meter zurückzulegen trachteten. Noch verdeckten die Büsche die Gegner voreinander.

„Achtung, Handgranaten klar!"

Sie drückten sich an die Grabenwand hinter die Büsche. Unteroffizier Gross griff zum umgehängten Handgranatenbeutel. Er nahm eine Handgranate heraus und schraubte die Kappe ab.

In dem Augenblick, als keine zwanzig Meter vor ihnen ein Schnellfeuergewehr zu tacken begann und die Geschosse in das Gebüsch schlugen, schleuderte Paul Gross die Handgranate. Die Männer der Gruppe, die kein MG oder keine der Munitionskisten trugen, warfen gleichzeitig mit ihm.

Als die berstenden Schläge der Detonationen erklangen, sprangen sie aus ihren Deckungen hoch und hasteten weiter.

Theo, der dicht hinter dem Gruppenführer lief, hörte Paul Gross eine Warnung brüllen. Er sah, wie sich ein Engländer auf den Kameraden warf und hörte gleich darauf Pauls MPi stottern.

„Bist du verwundet?" fragte er keuchend, als er herangekommen war.

Unteroffizier Gross arbeitete sich unter dem zusammengebrochenen Gegner hervor. Sein Gesicht war mit Blut überströmt.

„Nichts abgekriegt! Er ist — tot. — — Los, weiter. Wir müssen in das Haus und von dort aus weiter, damit wir die Kameraden entlasten."

Sie sammelten sich am Ende des Grabens. Eine Minute später hasteten sie in einem geschlossenen Sprung über den freien Platz hinweg, der zwischen ihrer Deckung und dem Hause lag. Stahlprojektile peitschten über ihre Köpfe hinweg, als sie aus dem Graben auftauchten; doch das Feuer verstummte sofort wieder.

„Das sind welche von uns!“

Paul Gross riß die Leuchtpistole hoch und feuerte eine rote Leuchtkugel ab.

Einen Holzstoß umrundend, erreichten sie den Hof des Anwesens. Eine Wand aus daumenstarkem Bambus verwehrte ihnen den Blick zum Hause hinüber. Mit einem Ruck rissen sie diese Wand nieder. Im gleichen Augenblick wurde die Haustür aufgerissen. Engländer erschienen im Eingang. Sie feuerten wild zu ihnen herüber. Das Feuer ließ sie blitzschnell zu Boden gehen.

Das MG von Koddebusch begann in rasender Schußfolge zu feuern. Der Gegner sprang in die Dunkelheit des Flures zurück. Gleichzeitig rasten Paul Gross und Theo nach vorn. Unteroffizier Gross erreichte als erster die Tür und stieß sie auf. Gleichzeitig warfen sie sich zu Boden.

Feuerströme flitzten aus dem dunklen Schacht des Flures über sie hinweg. Im gleichen Augenblick, als Theo vom Boden aus feuerte, warf Gross eine Handgranate in den Hausflur hinein.

Unmittelbar nach der Detonation schnellten sie wieder hoch. Sekunden später standen sie in dem dunklen Flur. Eine Tür wurde aufgestoßen. Helles Licht blendete sie.

In dem Augenblick, als Theo den Abzug durchziehen wollte, erkannte er, daß die beiden Gegner, die herauskamen, die Arme über den Kopf erhoben hielten. Ihnen folgten noch drei Männer. Der in der Mitte, der von den beiden anderen gestützt wurde, blutete aus einer ausgezackten Wunde, die ihm die Wange weggerissen hatte.

„Los, zwei Mann zur Bewachung zurückbleiben! Verbindet den Mann. Die übrigen folgen!"

Sie gingen durch das Haus zur Vordertür, die zum Zentrum der Ortschaft führte. Als Theo durch die spaltbreit geöffnete Tür ins Freie spähte, sah er, wie gerade das Nachbargebäude vom Gegner geräumt wurde. Er feuerte einen kurzen Feuerstoß auf die Fliehenden ab, die noch einmal so schnell verschwanden.

Dann sahen sie plötzlich die Kameraden der zweiten Gruppe über den Platz rasen.

„Hierher, hierher!" rief er sie an. Die Männer schwenkten ein.

„Mensch, Gross, wir dachten, die hätten euch auf der Kuppe zur Schnecke gemacht."

„Wenn wir liegengeblieben wären, dann vielleicht; aber wir haben ihnen den Gefallen nicht getan."

„Los, weiter; drücken wir nach, daß sie am Laufen bleiben!"

Halbrechts von ihnen stieg eine rote Leuchtkugel über die niedrigen weißen Häuser des Ortes empor.

„Das ist der Zugführer, er braucht uns!"

Sie stießen mit der zwoten Gruppe gemeinsam zum Zugführer durch. Nachdem sie den örtlichen Widerstand, der den Rest des Zuges vor dem Marktplatz aufgehalten hatte, gebrochen hatten, stießen sie gemeinsam auf das Zentrum von Primasole vor. Haus um Haus säuberten sie vom Gegner, der mit einer unheimlichen Bravour so lange kämpfte, bis es nicht mehr ging und sich erst in letzter Sekunde gefangennehmen ließ.

Eine halbe Stunde später war Primasole wieder in deutscher Hand. Das Fallschirm-MG-Bataillon hatte in diesem Gefecht wirklich zum erstenmal gegen eine Fallschirmeinheit von der anderen Feldpostnummer gekämpft.

Hier bei Primasole standen sie sich zum erstenmal gegenüber: die Roten und die Grünen Teufel. Und hier erwies es sich, daß auch die Fallschirmjäger des Gegners vollkommen durchtrainierte, harte und entschlossene Männer waren, die verbissen, aber fair, kämpften.

Genau zehn Minuten, nachdem das MG-Bataillon den Ort Primasole freigekämpft hatte, begannen die alliierten Seestreitkräfte zu feuern. Sie standen noch immer vor der Ostküste, um dort helfend einzugreifen, wo ihre Kameraden an Land steckenblieben. Sie waren für die an Land kämpfenden Einheiten von unschätzbarem Wert; sie halfen, die Schlachten zur Entscheidung reifzukanonieren.

Aus allen Rohren hämmerten sie auf Primasole nieder. Häuser wurden von Volltreffern einfach umgeblasen. Bäume wurden entwurzelt. Stahlsplitter und Gestein wirbelte durch die Luft, und wer sich in diesen Weltenuntergangsbrodem hineinwagte, der wurde zerschmettert.

Sie gingen am Rande der Ortschaft in Stellung. Sie verkrochen sich vor dieser dröhnenden Feuerwalze in Gräben und Risse und sahen, wie die Häuser, eines nach dem anderen, zusammenstürzten. Flammen und Rauch standen über diesem Ort der Vernichtung.

Dann kam ein Melder. Er brachte einen Befehl von Hauptmann Laun. Und dieser Befehl lautete:

„Höhen südlich Primasole vom Gegner besetzt. Gegner lenkt von dort aus das Feuer. Angriffsbeginn 10.55 Uhr. Das Auge der britischen Flotte ist auszuschalten."

Sie arbeiteten sich in der Sonnenglut des Vormittags den Höhen entgegen, die von dem britischen Major Lonstail gehalten wurden. Sie würden auch zu diesem Angriff antreten. Sie würden zu jedem Angriff antreten, der ihnen befohlen wurde, weil sie wußten, daß ihre Befehlshaber sie nicht sinnlos verheizen würden; weil sie darüber hinaus wußten, daß diese Befehlshaber an der Spitze ihrer Einheiten jeden Angriff führten. So war es bei der Fallschirmtruppe üblich, und das machte, daß sie eine der besten Truppen der Welt war, wie General Alexander wenig später in der britischen Presse feststellte.

Durch die Glut des Tages pirschten sie sich an den Gegner heran. Feuer peitschte ihnen von den Höhen entgegen und zwang sie in Deckung. Dennoch kamen sie zügig voran und hatten kurz vor Angriffsbeginn die Bereitstellungen erreicht.

## IX.

„Wie spät ist es, Theo?"

Theo Reuyter sah auf die Armbanduhr.

„Die Zeit zum Mittagessen ist lange vorbei, Oskar. Gleich 15 Uhr."

„So eine verdammte Zucht! Diese Höhe kriegen wir nie im Leben ohne schwere Waffen."

„Wenn wir noch eine Stunde warten, sind die Tommys auf der Höhe vielleicht gebraten, und wir können sie leicht kassieren."

Der erste Angriff auf die Höhe war mißlungen. Die Engländer hatten ihre MG geschickt in der Rundum-Verteidigung aufgestellt und den Angriff des MG-Bataillons abgeschlagen. Es war ihnen wohl geglückt, die Höhe 79 zu nehmen, von der aus ein schmaler Sattel zum Hang der Höhe 162 emporführte, auf der der Gegner sich verschanzt hatte.

„Hast du noch einen Schluck in der Pulle?"

„Hier, alter Säufer. Das schwitzt du doch wieder aus." Viktor hatte die Feldflasche losgehakt und reichte sie zu Theo hinüber, der einen tiefen Zug nahm und sie zurückgab. Dann wischte er sich über den Mund.

Sie lagen in einer Mulde, durch eine Felsbarriere vor Feindeinsicht geschützt. Immer, wenn die feindliche Schiffsartillerie ihre schweren Koffer zu ihnen herüberschickte, duckten sie sich unwillkürlich zusammen, obgleich diese Granaten weiter hinter ihnen am Fuß der Höhe einschlugen. Anscheinend trauten sich die Verantwortlichen auf den Schiffen nicht, das Feuer genau auf die Höhe zu legen; aus Furcht, die eigenen Männer auf der Höhe 162 zu treffen, die ihnen ständig den Standort des Gegners durchgaben.

„Herr Oberfeld, der Bataillonskommandeur!"

Oberfeldwebel Wegleitner ging zum Feldfernsprecher hinüber, der sich in einer Grotte eingerichtet hatte.

„Erster Zug, Oberfeldwebel Wegleitner", meldete er sich.

„Hier Laun. Hören Sie zu, Wegleitner: Neuer Angriff. Der erste Zug geht durch den Sattel vor und nimmt die beiden MG-Stände unter dem Plateau."

„Werden wir Flankenschutz haben, Herr Hauptmann?"

„Der zwote und dritte Zug nimmt die flankierenden MG-Stände unter Feuer und deckt sie so ab. — — — Angriffsbeginn: 15.15 Uhr."

Oberfeldwebel Wegleitner gab den Hörer an den Fernsprecher zurück und arbeitete sich zum Zug hoch.

„Alles klar, Groß?" Der Unteroffizier nickte.

„Jawoll, Herr Oberfeld. Wird verdammt Zeit, daß wir 'raufkommen."

„Um 15.15 Uhr geht es wieder los. Der Zug geht durch den Sattel. Er muß dicht geschlossen bleiben. Granatwerfergruppe legt Feuer auf die beiden MG-Stände unterhalb des Plateaus." Der Zugführer gab seine Anweisungen kurz und bestimmt. Dann verschvand er durch die Mulde zur Granatwerfergruppe, die mit ihren 8-cm-Werfern eine beachtliche Verstärkung für den Zug darstellte. Am Morgen waren sie es gewesen, die für die zwote Kompanie die erste Bresche geschossen hatten, damit sie in Primasole eindringen konnten. Jetzt sollten sie an dieser Stelle die beiden MG niederhalten, an denen sie beim ersten Angriff gescheitert waren.

Unteroffizier Groß saß mit dem Rücken an den Rand der Mulde gelehnt und rauchte. Der Sturmriemen seines Helmes baumelte ihm vor dem Kinn. Er hielt die MPi zwischen den Knien, und sooft eine der Granatwerfersalven des Gegners auf der Höhe abgeschossen wurde, ruckte sein Kopf zur Seite, um zu sehen, welche Richtung die Geschosse nahmen. Sein Blick glitt über die Männer seiner Gruppe hinweg. Er sah die Handgranatenbeutel vor der Brust der Kameraden. Sie waren mit Schnüren um Hals und Hüfte der Männer festgemacht, damit sie beide

Hände für ihre Waffen frei hatten. Die hellbraunen Holzstiele der Handgranaten sahen oben heraus.

„Jetzt ins Schwimmbad, Kinder!" Theo Reuyter wischte sich den Schweiß aus der Stirn. „Ich kann euch sagen, das wäre 'ne Sache. Freibad Froschloch in Hombruch; sauber, sauber! Und hinterher ein kühles Dortmunder. Das zischt vielleicht, kann ich euch sagen."

„Halt ja den Rand! Das grenzt ja schon an Tierquälerei!" fiel Viktor ein.

„Gab es denn auch Mädchen dort?" Oskar Poppek beugte sich interessiert vor.

„Du bist aus dem Drecknest Wanne-Eickel, da kannst du dir gar nicht vorstellen, wie es im Froschloch ist. Süße, freche Puppen und scheue Rehe, ganz wie du willst. Solltest mal im Urlaub 'rüberkommen. Dann werden wir schwimmen gehen und uns was Nettes anlachen. Wirst du lange dran zurückdenken, Oskar."

„Darum bist du auch so ein stummer Denker geworden, was?"

„Ein dummer Stänker, der nicht immer solche Badefreuden im Munde führen sollte, während wir hier sitzen und nicht wissen, wie wir unseren Gaumen auch nur angefeuchtet bekommen."

„Laß man, Koddebusch, hört sich doch ganz schön an. Mach die Augen zu und denke, es wäre Wirklichkeit. — — — Hörst du das Platschen des Wassers? Da ist einer vom Dreimeterbrett 'runtergehüpft. Nicht ganz vorschriftsmäßig eingetaucht, mehr ein Bauchwalzer; aber es war trotzdem schön, weil seine Kleine zugesehen hat und nun weiß, daß er ein Held ist."

Viktor Literski hatte die Augen geschlossen und tat so, als lausche er auf den Lärm, der eines der ständigen, immerwährenden Attribute eines Freibades ist.

„Mensch, und da geht eine Kleine! Verdammt noch mal, das wäre was für den alten Viktor Literski", fiel Theo ein. „Hundertachtzig Pfund. Und jedes Pfund fetter als das andere."

Sie brachen in hysterisches Gelächter aus und schlugen sich auf die Schenkel. Dies hier lenkte sie ab. In wenigen Minuten würden sie aufstehen und den Weg ins Ungewisse gehen, aus dem es vielleicht kein Wiederkommen mehr gab. Sie wollten einfach nicht daran denken. Sie mußten den Tod ignorieren, wenn es sie nicht überwältigen sollte. Sie hatten doch noch nicht mal richtig gelebt. Das Leben war ihnen noch etwas schuldig. Sie wollten auch etwas haben von den Dingen, die sie nicht kannten: von Liebe und Freude und Geborgenheit; in der nicht jeder Schritt den Tod bedeutete.

Sie waren Menschen; genauso Menschen, wie jeder andere vorher. Sie töteten nicht, weil es ihnen Spaß machte. Sie setzten ihr Leben ein, weil man sie vollgestopft hatte mit Begriffen wie Ehre und Treue, und sie kämpften für diejenigen, die sie zu Hause zurückgelassen hatten: für ihre Eltern, Kinder und Frauen. Das allein machte, daß sie sich mit allem, was sie hatten, einsetzten. Das allein ließ sie immer wieder über sich selbst hinauswachsen, ließ sie ihre eigenen Herzen bezwingen.

„Hör mal, Theo, ich werde im nächsten Urlaub also bei dir aufkreuzen und ein wenig Leben in deine Bude bringen", begann Oskar wieder, um die Stille zu betäuben, die doch nur Gedanken gebar, die sie nicht gebrauchen konnten.

„Leben in die Bude bringen? O ja, danach siehst du aus. Du sprühst ja förmlich vor Leben. Wie ein — Nachtgeschirr."

Wieder lachten sie los.

„Ich werde dir zeigen, daß ich mit dir ausgestopfer Eule immer noch konkurrieren kann", giftete sich Oskar.

„Fertigmachen!" Paul Gross hatte auf die Uhr gesehen. Mit Daumen und Zeigefinger zog er den Sturmriemen unter das Kinn. Leises Klirren von Metall war von rechts her zu hören, wo die 8-cm-Granatwerfer sich fertigmachten.

Als die Leuchtkugel weiter rechts von ihnen emporstieg, stieß Oberfeldwebel Wegleitner den Arm hoch.

„Sprung auf maaarsch!"

Gleichzeitig schnellten sich die Männer aus ihren Deckungen heraus und rasten zwischen dem Gebüsch her durch den Sattel.

„Aufschließen, nicht auseinanderbröckeln", versuchte Unteroffizier Gross seine Gruppen zusammenzuhalten. Links und rechts neben sich sah er die Gestalten seiner Kameraden. Weiter rechts hörte er die beiden anderen Züge vorprellen, um zu dem Punkt zu gelangen, wo sie das Flankenfeuer der Feind-MG erwidern und so den ersten Zug decken konnten.

Keuchend rannten sie durch den Sattel, der sich nach hundert Metern sanft anhob. Drei, vier Werfergeschosse schlugen dicht vor ihnen ein und zwangen sie in Deckung. Als sie wieder hochschnellten, schlug ihnen das Feuer der beiden MG entgegen, die sie vernichten sollten.

Hinter sich hörte Theo den Schrei eines Verwundeten. Er krallte sich in den Boden und preßte sich dicht an die Deckung. Die Furcht sprang auf seinen Rücken und drückte ihn mit Zentnergewichten nieder.

„Theo, wo bist du?" hörte er Poppek rufen. Die Furcht fiel jäh von ihm ab. Plötzlich konnte er wieder frei atmen.

„Weiter!" schrie er und schnellte empor. Feuer schlug ihnen entgegen, und gleichzeitig mit den Feuerschnüren der beiden MG begannen auch die 8-cm-Werfer zu feuern. Wenig später hörten sie die Geschosse auf der Höhe des Plateaus einschlagen.

„Gruppe Gross macht einen geschlossenen Sprung — auf maaarsch!"

Sie sprangen hoch, rasten nach vorn, mitten hinein in einen Springbrunnen auseinanderkrachender Granatwerfer-Einschläge, der sie wieder in Deckung zwang. Sie liefen, robbten über offene Stellen, und hetzten vor.

Die Sonne fiel genau auf sie. Vom Gestein reflektiert, prallte sie ihnen von vorn und von hinten entgegen. Es war ihnen, als liefen sie durch einen unendlich langen Feuerofen, der sie verbrannte. Keuchend blieben sie liegen und wurden wieder durch den nächsten Befehl des Zugführers hochgerissen. Sie stürmten weiter.

Jürgen Vormann sah die Rücken seiner Kameraden. Er versuchte den Anschluß zu gewinnen, stolperte über eine Wurzel und schlug mitten auf das Gesicht. Jetzt liegen bleiben dürfen! Denken dürfen, es sei Sonntag, wo man nicht zur Arbeit brauchte. Liegen bleiben; solange man wollte. Sich verkriechen, dem Tod entgehen, der über den Hang ging.

Unter Aufbietung aller Willenskraft schnellte er sich hoch. Der Handgranatenbeutel vor seiner Brust schien plötzlich einen Zentner zu wiegen. Seine Lungen brannten, als atme er flüssiges Feuer. Dann hatte er die Kameraden doch noch erreicht, die vor dem Feindfeuer unmittelbar vor dem letzten Anstieg zur Höhe 162 in Deckung gegangen waren.

„Volle Deckung. Eingraben!"

Sie wühlten sich mit den kurzen Spaten in den Boden ein. Sie schufteten wie die Besessenen, stießen auf Fels, gruben seitlich davon weiter. Rings um sie her toste der Kampflärm. Das Ploppen der Werfer verstärkte sich. Und über ihnen am Plateau und den beiden MG-Stellungen hämmerte der Stahl auf und barst auseinander.

Theo Reuyter hatte die Augen geschlossen. Er sah jetzt nichts von dem Tohuwabohu des Kampfes. Der Mund war zu einem schmalen Strich zusammengepreßt. Er war groß von Statur; jetzt wünschte er sich, so klein wie eines der Insekten zu sein und sich irgendwo verkriechen zu können.

Plötzlich fielen die beiden MG auf dem Plateau aus. Detonationen grollten über ihnen und zeigten, daß die Werfergeschosse eines der Munitionslager getroffen hatten. Jetzt würden sie wieder vorgehen.

„Sprung auf maaarsch!"

Der Ruf des Zugführers riß Theo ebenso hoch, wie die Kameraden. Seine Füße, die er in dem engen Loch nicht hatte bewegen können, waren eingeschlafen. Sie schmerzten wahnsinnig bei den ersten Sprüngen. Aber er raste weiter.

Theo sah Oberfeldwebel Wegleitner vor sich herjagen. Dahinter Paul Gross, und dann er und seine beiden MG-Schützen.

„Achtung, halbrechts voraus!"

Koddebusch hatte die Engländer zuerst gesehen, die von der Höhe herunter einen Ausfall unternahmen, um den beiden MG Gelegenheit zu geben, wieder feuerbereit zu werden.

MG begannen zu stottern. Im Laufen feuerte Theo von der Hüfte. Als ihm der Feuerstrahl eines Feind-MG entgegenzischte, warf er sich in Deckung. Poppek und Viktor landeten links und rechts neben ihm. Tackend begann das MG die kleinkalibrigen Geschosse auszuspucken. Dann setzte es plötzlich aus.

„Verdammt! Hülsenklemmer!"

Verbissen arbeitete Theo an der Hemmung. Er verbrannte sich die Finger, fluchte und hörte verworrenes Geschrei zu sich herüberschallen.

„Los, los!" schrie Poppek und angelte nach der umgehängten MPi, um die schon nahe herangekommenen Gegner aufzuhalten.

Handgranaten flogen den heranrasenden Engländern entgegen. Bellend platzten sie mitten in der gegnerischen Gruppe auseinander und rissen die Briten zu Boden.

Das Feuer verstummte hier. Nur rechts von ihnen, wo die beiden anderen Züge den Flankenschutz übernommen hatten, krachten unablässig die Abschüsse der MG, der Karabiner und Maschinenpistolen. Ebenso feuerten die Schweren Werfer immer noch auf das Plateau.

„Vorwärts!"

Sie rasten hangaufwärts. Keuchend schleppte Theo sein MG. Er rutschte über schräge Felsplatten ab, fing sich wieder; keuchte weiter. Höher, höher, höher; dem Ziel entgegen, das über ihnen lag und das sie erreichen mußten, ehe der Gegner die beiden MG wieder besetzte.

Dann hatten sie das MG-Nest erreicht. Sie erkannten die beiden zerschossenen MG und die Toten. Die Spuren zeigten ihnen, daß der Rest der Besatzung sich mit den Verwundeten auf das Plateau zurückgezogen hatte. Sie schoben sich zum Plateau empor, und als sie eben über dem Rand auftauchten, wurden sie von hektischem MG-Feuer empfangen, das sie sofort in Deckung zwang.

„Na, da sitzen wir aber fein in der Patsche. Wenn nun noch die Flanken-MG ihr Feuer auf uns legen, sitzen wir hier wie auf dem Präsentierbrett."

Zehn Sekunden später zog eine rauchende MG-Salve zu ihnen herüber und zwang sie in dem britischen MG-Nest in Deckung. Koddebusch und Theo warfen ihre MG nebeneinander in die ausgesparten Stellungen der beiden vernichteten Feind-MG, während die anderen nach oben sicherten, um nicht überrascht zu werden.

Als es abermals seitlich von ihnen aufblitzte, feuerten beide gleichzeitig. Das Feind-MG verstummte schlagartig.

„Wir müssen auf die Höhe 'raufkommen. Hier sitzen wir in der Falle, sobald der Gegner zum Gegenstoß antritt."

„Dann versuchen wir es!"

Sie schoben sich dicht an den Felsen gepreßt nach oben. Das Feuer der Werfer hatte ausgesetzt und begann jetzt abermals. Sie feuerten nun auf die britischen MG an der Flanke, um sie niederzuhalten.

Theo hatte die Höhe erreicht. Er schob das MG über den Rand, kroch nach und — erstarrte. Keine zwanzig Meter vor sich sah er die Augen des Gegners, der sich ebenfalls an den Rand des Abfalles herangearbeitet hatte. Blindlings zog Theo den Stecher durch und riß das MG von links nach rechts. Koddebusch fiel in das Feuer ein, und das rettete sie vor dem Ansprung des

Gegners, der zwanzig Meter vor dem Rand liegenblieb.

Eine Minute später fielen die ersten Wergeschosse auf den Rand des Hanges. Mit hartem Schlag detonierte eine der Werfergranaten genau in dem ehemaligen britischen MG-Nest. Wolfgang Engler, der dort zurückgeblieben war, wurde von der Gewalt des auseinanderberstenden Projektils in Stücke gerissen.

„Zurück, Paul! Wenn wir nicht sofort zurückmachen, sind wir im Eimer."

„So eine Scheiße! — Aber die anderen sind anscheinend nicht 'raufgekommen. — Theo, du bleibst hier liegen und deckst den Rückzug. Die anderen folgen!"

Hinter Unteroffizier Gross rasten sie hangabwärts, während Theo in kurzen Feuerstößen blind über das Plateau feuerte, um den Gegner niederzuhalten.

„Los, hinterher, Theo."

Poppek deutete hangabwärts, wo die Kameraden eben in den Sattel zurücktauchten.

„Sofort. Los, Viktor, du zuerst!"

Viktor Literski raste mit den Munitionskästen los. Noch einmal schickte Theo einen langen Feuerstoß über das Plateau, dann schnappte er das MG, und gleichzeitig rasten er und Poppek hangabwärts. Detonierende Granatwerfergeschosse barsten um sie her auseinander. Sie fielen, rutschten zehn fünfzehn Meter tiefer, und kamen wieder auf die Beine. Steine polterten hinter ihnen her zu Tal, und noch hatten sie die bergenden Büsche des Sattels nicht erreicht, als über ihnen die MG und Schnellfeuergewehre lospeitschten.

„Volle Deckung!" schrie Theo und warf sich kopfüber hinter einen niedrigen Felsen. Die Kameraden taten es ihm nach, und von unten her feuerte Koddebuschs MG. Gleich darauf schickten auch die 8-cm-Werfer ihre tödlichen Geschosse erneut nach oben und zwangen den Gegner in Deckung.

Kriechend arbeiteten sie sich weiter zurück und erreichten zehn Minuten später die Dekkung, wo sie nach Atem ringend liegenblieben.

„Das hat noch einmal geklappt. War scharf vor dem Abschmieren."

„Dieser Berg soll verdammt sein! Wir werden ihn ohne Schwere Waffen mit unseren paar Männeken nicht kriegen, das kann ich euch schriftlich geben."

„Hauptsache, wir waren oben. Wenn uns auch diese unhöflichen Burschen so schnell verabschiedet haben."

„Aber Wolfgang ist oben geblieben."

Schlagartig wurde es still. Die Gedanken der Männer gingen zu dem Kameraden zurück, der nun nicht mehr unter ihnen weilte. Sie würden das Gesicht von Wolfgang Engler nie wiedersehen. Nichts war mehr von ihm geblieben, als das Gedenken in den Herzen seiner Kameraden. Er hatte diesen Angriff mit seinem Leben bezahlt.

Das Feuer der Schiffsgeschütze lag immer noch auf den Rändern der Höhengruppe. Ab und zu orgelte ein schwerer Koffer bis nahe an ihre Stellungen heran, in die sie wieder zurückgegangen waren.

Die Nachmittagssonne fiel wie flüssiges Kupfer auf den Fels. Sie dörrte die Männer aus und ließ sie fast verschmachten. Die Essenholer holten Wasser und Tee. Keiner wollte etwas zu essen haben. Nur trinken wollten sie und den Brand betäuben, der in ihnen kochte. Sie versuchten, sich durch ausgespannte Zeltplanen zu schützen. Doch unter dem imprägnierten Segeltuch war es nach wenigen Minuten wie in einer Sauna.

Noch zweimal versuchten sie, die Höhe zu erreichen. Beide Male vergebens. Sie erlitten Verluste. Die dritte Kompanie die schwersten. Die britischen Fallschirmjäger unter Major Lonstail kämpften verzweifelt, und — sie schafften es.

Eine Gruppe feindlicher Fallschirmjäger, die sich aus Versprengten zusammensetzte, versuchte kurz vor Sonnenuntergang durch den Kordon des Fallschirm-MG-Bataillons durchzubrechen. Sie wurden aufgehalten und im erbitterten Kampf aufgerieben. Die letzten ergaben sich den Gegnern.

Als der Abend einfiel, als die sengende Sonne versank, da atmeten Freund und Feind auf.

## X.

Obergefreiter Berke, der Kradmelder des Fallschirmjäger-Verbindungsoffiziers zur Luftwaffe, Hauptmann Stangenberg, drehte die „Pulle" bis hintenhin auf. Er raste in einem Tempo über die Piste, das jedem Rennfahrer zur Ehre gereicht hätte.

Sein Ziel war der Gefechtsstand des Fallschirmjäger-Regimentes 3, das in der Nacht zum 13. Juni seine Stellung zwischen Carlentini und Lentini bezogen hatte und der Kampfgruppe von General Schmalz unterstellt worden war, der mit seinen Panzergrenadieren rechtzeitig hier eingetroffen war, um den Gegner hier am weiteren Vordringen nach Norden zu hindern.

Von dort aus sollte er weiter nach Francofonte, wo das zwote Bataillon des Fallschirmjäger-Regimentes 3 Stellung bezogen hatte.

Oberst Heilmann, der Kommandeur des Fallschirmjäger-Regimentes 3, würde schon sehnsüchtig auf die Meldung warten, die er hier in seiner Kartentasche verstaut hatte.

Als etwas mit häßlichem Knallen gegen das Schutzblech des Vorderrades schlug, zuckte Berke zusammen. Was war denn das? Das hatte sich doch wie ein Schuß angehört? Schossen die Kameraden etwa in Ermangelung eines anderen Zieles auf ihn? Er grinste leicht. Doch dieses Grinsen verschwand blitzschnell von seinem Gesicht, als ihn plötzlich Gewehrkugeln in Massen umschwirrten. Das waren britische Schnellfeuergewehre. Er erkannte sie gut.

Er schaltete die Gänge herunter und nahm das Gas weg. Gleichzeitig drehte er von der Piste herunter. Ratternd holperte die 500er BMW über den steinigen Boden, als er im Zickzack um die Felsbrocken herumsteuerte und zu wenden versuchte. Widerlich heulten Querschläger über ihn hinweg.

Mit einer raschen Kurve entging er den ihm nachgeschickten Kugeln, erreichte wieder die Piste und drehte erneut voll auf. Brüllend jagte das Krad zurück. Der Fahrtwind riß ihn fast aus dem Sattel. Er beugte sich nach vorn, bis er fast waagerecht auf dem Tank lag. Wie ein glatter, dichter Bretterzaun wurde die Aprikosen-Plantage an ihm vorbeigerissen. Die Schüsse verwehten hinter ihm, und kurz darauf tauchte Catania vor ihm auf.

Das Haltezeichen der Feldgendarmerie mißachtend, raste er in die Stadt hinein.

Zehn Minuten nach dem Feuerüberfall meldete der Obergefreite Berke — atemlos, verdreckt und aufgewühlt:

„Melde Herrn Hauptmann: Befehl nicht ausgeführt. Dreihundert Meter nördlich der Primasole-Brücke von englischen Soldaten beschossen worden. Ein Durchkommen zum Fallschirmjäger-Regiment 3 ist dort unmöglich."

„Mensch, Berke, Sie spinnen!" fuhr Hauptmann Stangenberg den Obergefreiten an, obgleich er ahnte, daß es stimmte. Hier saß er nun im Hauptquartier des II. Fliegerkorps, das unter dem Befehl von General Bülowius in Catania stationiert war, um gegen die Alliierten eingesetzt zu werden, und wußte nicht einmal, wie es wenige Kilometer weiter südlich zuging.

„Bestimmt, Herr Hauptmann. Nichts zu machen. Die schossen mit Schnellfeuergewehren."

„Gut, Berke, danke. Los, kommen Sie mit."

Sie rasten ins Freie und warfen sich in den Dienstwagen. Eine Minute war nach dieser überraschenden Meldung vergangen, als der Motor des Kübels ansprang und der Fahrer ihn auf die Verbindungsstraße nach Süden lenkte.

Unterwegs raffte Hauptmann Stangenberg zwanzig Fallschirmjäger zusammen, die von Stäben und Trossen freigestellt waren. Dreihundert Meter vor der Brücke wurden auch sie beschossen. Und das MG- und Granatwerfer-Feuer zwang sie in Deckung.

Nun war kein Zweifel mehr möglich. Der Gegner, der im Ort Primasole gelegen hatte und inzwischen wieder geworfen worden war, hatte es auf diese Brücke abgesehen. Er war in der vergangenen Nacht also auch bei der Brücke gelandet und hatte jetzt — nur wenige Stunden später — wahrscheinlich schon die Sprengladungen entfernt, um diese Brücke für das nachfolgende Gros freizuhalten, das einfach durchmarschieren konnte, wenn es nur schnell genug war. Was machten schon die wenigen Fallschirm-Einheiten und die Kampfgruppe Schmalz gegen drei oder vier gut ausgerüstete Divisionen?

Hauptmann Stangenberg, der kurz vor seinem Sizilien-Einsatz zur Kriegsschule kommandiert werden sollte, wußte, daß es hier unverzüglich zu handeln galt. Es galt schnellstens zu handeln, wenn nicht alles verloren sein sollte. Falls es dem Gegner gelänge, hier durchzustoßen, wäre das Fallschirmjäger-Regiment 3 verloren, wäre Catania in akuter Gefahr.

Mit unverzüglich herangeschafften Kräften und mit Unterstützung einer südlich Catania stehenden Schweren Flakbatterie riegelte Hauptmann Stangenberg in diesen frühen Vormittagsstunden des 14. Juli nördlich der Simetobrücke ab. Er schickte die ihm zur Verfügung stehenden Offiziere und Unteroffiziere zu allen Stäben und Nachschubeinheiten und ließ jeden Mann „einsammeln", der eben freigemacht werden konnte.

Hauptmann Stangenberg betrat den Nachrichtenraum des Flugplatzes Catania. Er ging auf den Glaskasten zu, hinter dem der Nachrichtenführer saß. Ohne anzuklopfen riß er die Tür auf und schneite dem Major vor den Kartentisch.

„Bitte, Herr Major, ich brauche dringendst eine Verbindung mit Rom; Stabsquartier der 1. Fallschirmjäger-Division."

Überrascht ruckte der Kopf des Majors empor. Er erkannte, daß es etwas äußerst Wichtiges sein mußte, und nickte nur. Dann gab er ein paar Anweisungen, und wenig später meldete sich das Hauptquartier des Oberbefehlshabers Süd. Eine Minute später hing Generalleutnant Heidrich — von einer Ordonnanz gerufen — schon an der Strippe:

„Heidrich!" hörte Hauptmann Stangenberg die sonore, beruhigende Stimme des Divisionskommandeurs.

„Herr General? Hier spricht Hauptmann Stangenberg aus Catania. Feindliche Fallschirmtruppen haben die Primasole-Brücke über den Simeto in Besitz genommen. Jede Verbindung zu unserem dritten Regiment ist abgebrochen", sprudelte Hauptmann Stangenberg heraus. Einige Sekunden lang war es vollkommen still in der Leitung. Dann kam General Heidrichs Stimme wieder:

„Sie müssen sofort abriegeln, Stangenberg. Keine Sekunde zögern. Versuchen Sie sofort, die Brücke wieder in Besitz zu bekommen. Der Besitz der Brücke ist für uns alle von außerordentlicher Bedeutung. Der Gegner hat nur hier die Möglichkeit, mit Schweren Waffen über den Simeto zu gelangen."

„Ich habe bereits abgeriegelt, Herr General. Es stehen mir jedoch für einen Angriff zu wenig Leute zur Verfügung. Die Besatzung der Brücke ist schätzungsweise 180 Mann stark, ich habe bis jetzt achtzig. — — — Ich bitte Herrn General, mir die Funkkompanie zum Einsatz an der Primasole-Brücke freizugeben."

„Sind Sie wahnsinnig, Stangenberg? Die haben Sie mir doch schon gestern nachmittag für den Hafenschutz Catanias abgeluchst."

Das, was der General sagte, stimmte haarscharf. Hauptmann Stangenberg hatte die Funkkompanie, die nur für Führungsaufgaben vorgesehen war, für den Hafenschutz von Catania freibekommen, nachdem er gesehen hatte, daß die italienische Besatzung den Hafen aufgegeben hatte und daß Catania von See her vollkommen ungeschützt gewesen war.

Nun aber war es wichtig, daß er eine möglichst große Streitmacht in die Hand bekam, um dem Gegner die Simeto-Brücke wieder wegnehmen zu können, ehe er Verstärkung erhielt und sich endgültig auf der Brücke festsetzte.

„Es muß sein, Herr General. Ich muß die Funkkompanie haben!"

„Hmm ..." Generalleutnant Heidrich überlegte eine halbe Minute. Hauptmann Stangenberg konnte ihn sich in dieser Situation ganz genau vorstellen, diesen kleinen kompakten Mann mit dem Aussehen eines Pensionärs; der doch nichts anderes als geballte Energie war. Diesen kleinen Mann, der im Jahre 1935 die deutsche Fallschirmtruppe aufgebaut hatte und jetzt die ruhmreiche, aus der 7. Fliegerdivision hervorgegangene Fallschirmjäger-Division 1 führte. Er spürte auch, wie sich Generalleutnant Heidrich einen Ruck gab.

„Gut, Stangenberg. — Ich erteile Ihnen hiermit die Genehmigung zum Einsatz der Funkkompanie an der Primasole-Brücke."

„Danke, Herr General!"

Gegen Mittag des 14. Juli traf die sofort in Marsch gesetzte Funkkompanie unter Oberleutnant Fassel am Simeto ein.

Was war inzwischen mit der 3. Kommandoabteilung geschehen, die gleich der Fallschirmjäger-Brigade eine wichtige Aufgabe erhalten hatte?

Die unter dem Befehl von Oberst Durnford Slater stehende 3. Kommandoabteilung, die gleichzeitig mit der 1. Fallschirm-Brigade gestartet war, landete am 13. Juli gegen 23 Uhr beiderseits Agnone und ging von hier aus vor.

Die Abteilung, welche die Lentini-Brücke — den Ponte dei Malati — in ihren Besitz bringen sollte, war schon auf See beschossen worden. Der Feuerhagel, der sie überfiel, vernichtete einige der Sturmboote. Dennoch blieben die übrigen Boote dicht beisammen. Immer wieder rief Durnford Slater sie einzeln und zwang sie, in der Formation zu bleiben. Sie zackten gleichzeitig, und so gelang es ihnen, trotz dieses überraschenden Feuers ziemlich geschlossen zu landen.

Nach Westen vorprellend, stieß die Abteilung auf den Kompaniegefechtsstand der 3. Kompanie des Fallschirmjäger-Regimentes 3. Sie wurde aufgehalten und in einem einstündigen erbitterten Gefecht nach Norden abgedrängt.

In der Mondnacht prallten auch hier die Roten Teufel auf die Grünen Teufel. Der Kampf war dramatisch und wurde von beiden Seiten mit letzter Konsequenz geführt.

Unter letztem Einsatz gelang es dem britischen Major Young, genau durch das Lentinital vorgehend und so die deutschen Fallschirmjäger abhängend, gegen 3.05 Uhr den Ponte dei Malati zu erreichen. Es war eine Meisterleistung des „Pfadfinders" Major Young. Es gelang ihnen, die Sprengladungen in den Brückenkammern unschädlich zu machen und in den Fluß zu werfen.

Als aber am Vormittag des 14. Juli die angekündigten Vorhuten der 50. britischen Division — die ja die Kommandoabteilung entsetzen und aufnehmen sollte — noch nicht eingetroffen war, wurde die Sache für die Abteilung gefährlich, denn vom Südwestende aus wurden sie plötzlich von einem deutschen Tigerpanzer beschossen, der von der Kampfgruppe Schmalz vorgeprellt war und am Brükkenende Aufstellung genommen hatte.

Wo sich die geringste Bewegung zeigte, dorthin feuerte der Panzer seine Sprenggranaten. Zwei Kampftrupps, die ausgeschickt wurden, diesen Panzer mit Sprengladungen zu vernichten, wurden von den hinter dem Panzer in den Felsen in Deckung gegangenen deutschen Panzergrenadieren aufgefaßt und bis auf den letzten Mann vernichtet. Der Panzer beherrschte das Brückenende.

Oberst Durnford Slater ließ die Brücke räumen. Die Kommandoabteilung zog sich nach Südosten zurück.

Am Mittag des gleichen Tages trafen achtzig Männer dieser Gruppe auf den Gefechtsstand des Fallschirmjäger-Regimentes 3. Auch hier entbrannte der Kampf.

In dem folgenden Gefecht, während dem sich in dem unübersichtlichen Gelände etwa gleichstarke Gegner gegenüberstanden, kämpften beide Gruppen hart und fair gegeneinander. Im Zweikampf Mann gegen Mann — hinter den Deckungen auf eine Blöße des anderen wartend — zog sich dieses Gefecht zwei Stunden lang hin, bis der Gegner aufgerieben war. Der Rest der achtzig Briten ergab sich, als er vollkommen eingeschlossen war.

Die Brücke nördlich Lentini war wieder in deutscher Hand. Aber die Sprengkammern konnten nicht mehr rechtzeitig gefüllt werden. Die 50. britische Division rollte gegen die Brücke vor. Fieberhaft wurde versucht, Bomben heranzuschaffen, um so die Brücke behelfsmäßig zu sprengen; doch es war zu spät. Die 50. Division kam. Ihre schnellen Spitzenverbände rollten über die Brücke und sicherten sie gegen die schwachen deutschen Kräfte.

So gelang hier der Kommandoabteilung ein voller Erfolg. Und wenn auch die Brücke viele Opfer gekostet hatte, diese Opfer hatten sich für die 8. Armee gelohnt. Die Schweren Waffen konnten über den Fluß in der Enge von Lentini hinweggebracht werden. Der Weg zur Primasole-Brücke war geebnet, wenn nichts Unvorhergesehenes passierte.

## XI.

„Lassen Sie mich kurz rekapitulieren: Sie, Fassel, gehen ostwärts der Brücke bis zum Simeto vor. Halten Sie sich mit Ihrer Einheit außerhalb der direkten Schußlinie der Engländer. Sobald Sie den Fluß erreicht haben und zur Überquerung bereit sind, geben Sie durch Melder Nachricht zurück, damit wir einschwenken und nachstoßen können."

„Und Sie selber, Herr Hauptmann?"

Der Oberleutnant der Flak, der sich mit seinen Männern zur Verfügung gestellt hatte, sah Hauptmann Stangenberg erwartungsvoll an, als er sah, daß Oberleutnant Fassel sich mit seinen Männern klar machte.

„Wir gehen beiderseits der Piste frontal auf die Brücke zu vor. Die beiden Achtacht geben Feuerschutz. Sie schießen Fleck. Genau auf das nördliche Brückenende, damit der Gegner keine Kräfte nachziehen kann. Nur auf ausdrücklichen Befehl von mir wird ein anderes Ziel beschossen."

„Ist die Fernsprechleitung denn jetzt klar?" wandte sich der Flakoffizier nun an Oberleutnant Fassel.

„Alles in Ordnung, Kürten. Sie stehen in direkter Verbindung mit mir und mit dem Kompanie-Funktrupp, damit nichts passieren kann", erwiderte Oberleutnant Fassel.

„Das wär's also! Hals- und Beinbruch!"

Die Funkkompanie arbeitete sich — immer in Deckung bleibend — durch das felsige, mit Kusseln bestandene Gelände zum Fluß hinunter vor. Sie wollten versuchen, ungesehen das Flußufer zu erreichen und den Gegner zu umklammern.

Hauptmann Stangenberg sah hinter ihnen her, bis sie verschwunden waren. Dann wandte er sich um.

„Los, Zenker, lassen Sie folgen!"

Feldwebel Zenker stieß den Arm in die Luft, und gleichzeitig setzte sich die inzwischen auf 200 Mann angewachsene Streitmacht, die sich aus Angehörige aller Einheiten zusammensetzte, in Bewegung. Sie folgten Hauptmann Stangenberg, der die Spitze hielt.

Das erste Feindfeuer schlug ihnen entgegen. Aus dem britischen Brückenkopf, der sich in einer Breite von ungefähr 200 Metern ungefähr bis 200 Meter nördlich der Brücke vorgeschoben hatte, flitzten die Flammenschnüre zu ihnen herüber. Dazwischen ploppten die Werfer, und die niedergehenden Geschosse detonierten in der Runde um die Angreifer, und die Splitter rasierten die Kusseln ab.

Die ersten beiden Flakgranaten heulten in direktem Beschuß der Brücke entgegen und schmetterten unmittelbar davor in den Boden. Die beiden Beobachter, die sich auf einer niedrigen, buschbestandenen Anhöhe eingenistet hatten, leiteten das Feuer.

Wo sie eine feindliche Werferstellung erkannten, dorthin ließen sie das Feuer der Achtacht geben. Systematisch wurden diese Werferstellungen im britischen Brückenkopf zerschlagen. MG-Stellungen wurden aufgefaßt und durch die mit unerhörter Wucht einschlagenden Granaten zerschmettert.

Feldwebel Zenker führte seinen Zug dicht hinter dem an der Spitze der schnell zusammengeschweißten Einheit vorgehenden Hauptmann Stangenberg gegen den Brückenkopf.

Als halbrechts vor ihnen MG-Feuer aufbrandete, ging der Zug in Deckung. Weiter nach rechts ausbrechend, versuchten sie dieses Feuer zu umgehen; doch ein langer Feuerstoß mähte eine Gruppe im Sprung nieder. Der Angriff geriet ins Stocken.

„Herr Hauptmann, wir müssen diese beiden flankierenden Feind-MG außer Gefecht setzen, sonst kommen wir nicht weiter."

„Gut, Zenker. Vier Ihrer Männer zu mir. Die anderen geben Feuerschutz, bis wir es geschafft haben."

„Ich bitte Herrn Hauptmann, diesen Auftrag selber durchführen zu dürfen. Herr Hauptmann haben doch hier ..."

„In Ordnung, Zenker. Aber Vorsicht!"

Mit dreien seiner Kameraden verschwand Feldwebel Zenker eine Minute später in einer Schlucht. Einmal noch sah Hauptmann Stangenberg ihn für den Bruchteil einer Sekunde auftauchen, dann waren die vier Freiwilligen seinem Blick entschwunden. Würde es ihnen gelingen, den Gegner kampfunfähig zu machen?

*

„Aufpassen, Kinder! Dort vorn liegen sie!"

Feldwebel Zenker deutete nach vorn, von wo aus ihnen das Rattern der MG-Salven entgegenschlug. Sie gingen tiefgeduckt, jeden Felsen und jedes Geräusch als Deckung benutzend, weiter vor. Das Hämmern der Waffen verstärkte sich.

Dann hatten sie sich — die letzten Meter kriechend — bis auf vierzig Meter an die beiden MG-Nester herangearbeitet. Wenn sie auch nur noch zwei Schritte weiter vorrobbten, mußten sie trotz der verdeckenden Gebüschgruppe vom Gegner gesehen werden.

„Ihr bleibt hier. Sobald ich dort drüben bei dem Kugelbusch angekommen bin, gebt ihr Störfeuer auf die beiden MG-Nester. Das wird den Gegner ablenken, verstanden?"

„Geht in Ordnung, Herr Feldwebel!"

Die Männer gingen in Deckung und nahmen ihre MPi und Karabiner nach vorn. Schattenhaft und geschmeidig schob sich Feldwebel Zenker über den Boden weiter nach rechts hinüber. Mit jedem Meter, den er schräg nach vorn robbte, kam er weiter aus der Schußlinie. Er war stets bemüht, das Gebüsch nicht zu sehr zu bewegen, damit der Gegner ihn nicht an dieser Bewegung erkannte. Zentimeter um Zentimeter gewann er Boden. Hinter jedem Stein suchte er Deckung. Dann ereichte er das Kugelgebüsch.

Als das Feuer seiner Kameraden aufbrandete, sah er einen Augenblick zurück. Er erkannte das Mündungsfeuer und sah, wie die Büsche in der Nähe ihrer Deckung vom Sichelschnitt des Feindfeuers dicht über dem Boden abgemäht wurden. Dann konzentrierte er sich wieder ganz auf seine eigene Aufgabe.

Robbend und kriechend schaffte er Meter um Meter von der Distanz, die er zu durchmessen hatte. Dann glaubte er, weit genug zur Seite ausgewichen zu sein. Er bog nun direkt auf das MG-Nest ein. Nach weiteren drei Minuten sah er von seiner Deckung aus den Gegner in einer Mulde hinter ein paar davor aufgeschichteten Felsbrocken liegen. Tief atmete er ein und aus, um sich wieder zu fangen. Er hörte kurz abgerissene Befehle, hörte die Aufschläge der Gewehrkugeln gegen die Felsbrokken und das Heulen der Querschläger.

Er nahm zwei Handgranaten aus dem Beutel und legte sie vor sich auf den Boden. Dann nahm er noch zwei Handgranaten heraus. Vorsichtig, ohne jedes Geräusch, schraubte er die Kappen ab und legte die Porzellanknöpfe der Zugschnur bereit.

Für den Bruchteil einer Sekunde sah Gustav Zenker sich in einem Wachtraum stumm und leblos hier liegen. Er war versucht, sein Gesicht in den Boden zu pressen und von allem nichts mehr zu wissen. Er wollte sich so klein machen wie die Käfer, die an den Rispen der Grasbüschel in die Höhe kletterten.

Aber er griff doch nach den Handgranaten. Gleichzeitig zog er die beiden ersten Brennzünder ab und schleuderte die Handgranaten in die beiden dicht nebeneinanderliegenden MG-Nester hinein.

Noch während die zweite Handgranate durch die Luft flog, griff er schon zur dritten, riß auch hier den Porzellanknopf heraus und schleuderte die Handgranate zum Gegner hinüber.

In diesem Augenblick erst — so schnell war alles vor sich gegangen — detonierte die erste, und gleich darauf die zweite Handgranate beim Gegner. Abrupt schwiegen die beiden MG.

Verworrenes Geschrei drang zu ihm herüber, das von den Kameraden herrührte. Jetzt sah Feldwebel Zenker, wie sich einer der MG-Schützen hinter das verlassene MG warf und zu feuern begann. Da schwang Feldwebel Zenkers Arm abermals zurück, um die letzte Handgranate zu schleudern und auch den letzten Gegner kampfunfähig zu machen.

Im gleichen Augenblick knallte ein einzelner Pistolenschuß aus dem zunächst liegenden MG-Nest, und Gustav Zenker spürte einen harten Schlag gegen die Brust, der ihm den Atem zu nehmen drohte.

Achtung! Wirf die Handgranate fort! schrie es in ihm.

Er versuchte, sie wegzuschleudern. Doch seine Finger krampften sich so hart um den Stiel, daß er ihn nicht einmal mehr loslassen konnte. Er war vollkommen hilflos.

Feldwebel Zenker fiel auf das Gesicht, und als sein Körper den Boden berührte, detonierte unter ihm die vierte Handgranate und löschte sein Leben vollends aus.

Die anderen aber gingen vor dem letzten Feuerstoß des MG in Deckung. Als es plötzlich schwieg, stürmten sie vor, erreichten das MG-Nest und brachten auch dieses MG zum Schweigen. Sie hatten ihre Aufgabe erfüllt. Die gefährliche Flankenbedrohung durch diese MG-Nester war beseitigt.

In der glutenden Hitze des Julitages arbeiteten sich die Männer um Hauptmann Stangenberg mit einer Zähigkeit und einem Siegeswillen ohnegleichen näher und näher an die Brücke heran. Immer wieder ließ Hauptmann Stangenberg das Flakfeuer auf die hartnäkkigsten Widerstandsnester legen. Eines nach dem anderen wurde so zum Schweigen gebracht. Weiter und weiter stießen sie auf die Brücke vor.

Wie in einem Taumel sprangen sie hoch, rannten ein paar Schritte zur nächsten Deckung weiter und warfen sich hin. Hauptmann Stangenberg lief an der Spitze seiner Männer. Er riß sie zu immer neuen Anstrengungen empor. Sie folgten dem Beispiel, das er ihnen gab.

Die Sonne hatte das Gestein zum Glühen gebracht. Die Hitze strömte den Männern entgegen und lähmte sie. Sie waren diesem Gluthauch aus der Höhe und dem Widerprall von den Felsen hilflos preisgegeben. Sie lechzten nach Wasser. Jeder einzelne Sprung war eine Tortur, jede Bewegung eine Qual. Dennoch mußten sie weiter. Dennoch mußten sie es schaffen.

Endlich waren sie bis auf 200 Meter an die Brücke herangekommen. Der Gegner hatte seinen Brückenkopf Schritt um Schritt zurückgenommen, um ihn nicht zu exponiert stehen zu lassen, wo er jeden Augenblick beschossen und vernichtet werden konnte. Es war nur noch eine Frage der Zeit, wann die zusammengewürfelte deutsche Streitmacht den feindlichen Brükkenkopf ganz eingedrückt haben würde.

In dem Augenblick aber, als Hauptmann Stangenberg ein Stück offenes Gelände überquerte, wurde er durch einen Splitter leicht verwundet. Sein Adjutant, der Flak-Oberleutnant, verband ihm die blutende Wunde und bat ihn, zurückzubleiben. Doch Hauptmann Stangenberg gab wegen einer solchen Schramme nicht auf.

Der Gegner war hart. Die englischen Fallschirmjäger kämpften mit letztem Einsatz. Sie waren genauso hart wie ihre Gegner. Und wenn auch Hauptmann Stangenberg von dem unbeugsamen Willen beseelt war, die Primasole-Brücke wieder in Besitz zu nehmen und sie vor dem Gros der anrückenden Gegner erneut zu sperren, so empfand er während dieses Ringens doch so etwas wie ein tiefes, grundloses Bedauern, daß sie sich hier gegenüberlagen und bekämpften, die sie doch einander so wesensverwandt waren.

Hier standen sie, wo sie durch ihre Führungen hingestellt worden waren, und hier kämpften sie um etwas, das sie liebten, für das sie ihr Leben einsetzten: die Heimat.

Der Gegner aber — das hatte er aus Kriegsgefangenen-Aussagen oft genug gehört — wollte nichts anderes. Er wollte nicht mehr und nicht weniger, als das, was auch sie wollten. Und in der Erkenntnis, daß sie so alle gegen ein Phantom kämpften, wurde ihm in diesen Augenblicken die ganze Unsinnigkeit eines jeden Krieges deutlich. Mußten Menschen denn zur Erreichung eines gleichen Zieles gegeneinanderstehen und sich gegenseitig umbringen? Warum bekämpften sie sich eigentlich, wenn sie beide kein anderes Ziel hatten als dieses?

Oder wurden sie hier von der eigenen politischen Führung belogen? Wurde ihnen dieses Ziel nur vorgespiegelt, um ihren Willen zum Kampf zu stärken? Kämpften sie in Wirklichkeit überhaupt nicht um den Bestand der Heimat und um das Leben ihrer Angehörigen? Trieb man sie hier und überall auf den anderen Kriegsschauplätzen nur in den Tod, um einen Eroberungsdrang zu befriedigen? Warf man sie hier in den Skat, um andere Völker zu unterdrücken?

Er wollte nicht an die vielen Zweifel denken, die in den letzten Wochen auf ihn eingestürmt waren. Er war Soldat, er hatte einen Fahneneid geleistet, und das war nicht etwas, was man mit einer lässigen Handbewegung fortwischen konnte. Er hatte zu kämpfen. Nichts anderes, als zu kämpfen.

Und gleich ihm kämpften sie alle hier und anderwärts. Auch wenn sie nicht wußten, wie sie hier, Tausende und aber Tausende von Kilometern von der Heimat entfernt, ihre Heimat schützen könnten. Die Heimat, die mehr und mehr auch zum Schlachtfeld wurde. Die Heimat, über der die alliierten Bomberformationen allnächtlich hinwegflogen, ihre Bombenlasten abluden und die Städte auslöschten.

„Herr Hauptmann, Meldung von der Funkkompanie: Sie hat den Simeto erreicht und ist bereit, den Gegner von Osten her anzugreifen und aus dem Brückenkopf zu werfen. Sie erbittet die zugesagte Unterstützung."

„Socken Sie 'rüber zur Reservegruppe. Sie soll sofort hierher aufschließen und unsere Frontalstellung übernehmen. — Die Einsatzgruppe stößt der Funkkompanie nach."

Der frontale Angriff auf die Brücke, der nur schrittweise vorankam, wurde eingestellt. Die Reservegruppe übernahm die Stellung der Einsatzgruppe, um den Gegner hier zu binden, während die Einsatzgruppe in geschlossenen Sprüngen nach Südosten vorstieß, um sich mit der Funkkompanie vereinigen zu können.

Sie erreichten die Funkkompanie. Hauptmann Stangenberg besprach den Angriffsplan mit Oberleutnant Fassel. Dann brachen sie in die Flanke des Gegners ein.

Während sie am Flußufer entlang von Osten zur Nordauffahrt der Brücke vorstießen, deckten die beiden Achtacht-Geschütze den Gegner im Brückenkopf und auf dem Nordteil der Brücke mit ihren Granaten ein.

Dennoch kam der Angriff auf den britischen Brückenkopf nur langsam vorwärts. Jedes kleine Widerstandsnest mußte einzeln ausgehoben werden. Der Gegner, der ihnen hier gegenüberlag, war eine Elite-Einheit. Er war hier eingesetzt worden, um die Brücke für die nachfolgende 50. britische Infanteriedivision zu halten. Er kämpfte mit letztem Einsatz, um diesen Befehl auszuführen.

Doch die deutschen Fallschirmjäger schlugen sich mit der gleichen Entschlossenheit. Meter um Meter gewann ihr Angriff an Boden. Die Hitze des Tages begann Freund und Feind zu lähmen. Wie flüssiges Kupfer fielen die Sonnenstrahlen auf Felsen und Büsche nieder. Der Boden strahlte diese fürchterliche Hitze zurück.

Dennoch gaben sie nicht auf, und als die Sonne endlich hinter den Höhen im Westen versank, war der Nordteil der Brücke über den Simeto wieder in deutscher Hand.

Der Brückenkopf auf dem Nordufer war eingedrückt worden. Der Gegner zog sich zurück, und eine halbe Stunde später, als die Flak ihr Störfeuer auf die Brücke gelegt hatte, räumte er die Brücke ganz und zog sich auf die Höhen südlich der Brücke zurück, wo Major Lonstail immer noch hielt.

Erst später erfuhr Hauptmann Stangenberg durch Gefangenenaussagen, daß sich die britischen Fallschirmjäger völlig verschossen hatten und daß der Munitionsmangel einer der Gründe mit war, die sie veranlaßt hatten, die Brücke zu räumen.

Hauptmann Stangenberg aber hatte mit seinem „Verein“ aus allen möglichen Einheiten das scheinbar Unmögliche erreicht. Die Brücke, die mit einem großen Aufwand an Elitetruppen und an Material den Deutschen weggenommen worden war, war wieder in deutschem Besitz. Der Gegner mußte sie nach erbitterten Kämpfen räumen und war südlich davon in Stellung gegangen. Aber der Kampf um die Brücke, der Kampf um das weitere schnelle Vordringen der britischen 8. Armee, war damit noch nicht zu Ende. Dieser Kampf sollte erst in den nächsten Tagen mit größter Erbitterung durchgefochten werden.

Eine Stunde nach Eroberung der Brücke durch die Deutschen ging ein gewaltiger Stahlhagel auf die Primasole-Brücke nieder. Die schnellen motorisierten Einheiten der 50. britischen Infanteriedivision hatten mit ihren Spitzen die Brücke erreicht. Es waren Teile der 23. Panzerbrigade, die sich den Durchgang über Francofonte, Carlini und Lentini erkämpft hatte. Aber auch sie kamen um eine gute Stunde zu spät. Und diese Stunde würde zu einer entscheidenden Verspätung auswachsen.

Sie begannen sofort zu feuern, um den Gegner, der in geringer Zahl war, von der Brücke zu fegen und den Übergang zu erzwingen.

Die Feldgeschütze der Durham-Brigade, die wenig später ebenfalls am Südende der Brücke eintraf, eröffneten gleichfalls das Feuer. Die Verteidiger der Brücke wurden durch dieses massierte Feuer gezwungen, die Brücke zu räumen, wenn sie nicht der Reihe nach vernichtet werden wollten. Sie zogen sich ans Nordende der Brücke zurück und bezogen die von den britischen Fallschirmjägern ausgebuddelten Stellungen.

Eine Stunde waren die Schnellen Abteilungen der 8. Armee zu spät gekommen. Eine Stunde eher, und sie hätten die Brücke passieren, den Brückenkopf ihrer Fallschirmjäger ausbauen und mit dem Gros von diesem Brükkenkopf aus auf Catania vorstoßen können. Nun aber war dies nicht mehr möglich.

Hauptmann Stangenberg entschloß sich jetzt, die Brücke zu sprengen. Das war das sicherste Mittel, den schnellen britischen Verbänden und vor allem den Panzern und sonstigen Schweren Waffen den Weitermarsch unmöglich zu machen und Catania zu sichern.

Fieberhaft wurde nach Sprengmitteln gesucht, um die leeren Sprengkammern damit zu füllen. Alles schien wie verhext. Nicht genug damit, daß sie keine Männer zur Verteidigung hier hatten, fehlten ihnen auch noch die Schweren Waffen und die Sprengmittel. Es fehlte ihnen hier einfach alles.

Dann erhielten sie in letzter Sekunde vom Flugplatz Catania einen Lkw mit Fliegerbomben, die als Sprengmittel eingesetzt werden sollten. Alles wurde zur Sprengung vorbereitet. Eine Gruppe Freiwilliger bereitete sich darauf vor, die Sprengung vorzunehmen.

Mitten in der Nacht wurde der Versuch unternommen, den Lkw auf die Brücke zu schieben und ihn dann durch elektrische Zündung mittels einiger Tellerminen zu sprengen.

Nach einem Feuergefecht, in das auf deutscher Seite die beiden Achtacht-Geschütze einfielen, rollte der Lkw vor. Doch bevor er die Brücke erreichte, wurde er vom Gegner, der ab und zu mit Scheinwerfern über den Fluß hinwegleuchtete, weil er etwas Ähnliches zu ahnen schien, ausgemacht.

Ein fürchterliches Feuer setzte ein. Die Nacht wurde von den Flammenschnüren der Leuchtspurgeschosse durchblitzt. Granaten allen Kalibers, Schnellfeuerkanonen, MG, Schwere Werfer und sogar Panzerkanonen hämmerten auf den Lkw ein. Zwanzig Meter vor der Brückenauffahrt wurde der Wagen zum Halten gezwungen. Die Besatzung versuchte sich zu retten. Sie fiel bis auf einen Mann im Feuer des Gegners.

Dreimal noch wurde das gleiche Wagnis versucht. Es fanden sich immer wieder Männer, die dieses Todeskommando auf sich nahmen, um die Sprengung der Brücke zu erreichen. Doch der Gegner war vom erstenmal gewarnt. Er wußte, was für ihn auf dem Spiel stand. Er feuerte und legte eine Wand aus Stahl und Sprengstoff auf den Nordaufgang der Brücke, in dem der Lkw jedesmal steckenblieb. Dann war der Wagen so zerschossen, daß er nicht einmal mehr geschoben werden konnte, und Hauptmann Stangenberg ließ dieses Unternehmen einstellen, um nicht noch mehr Kameraden zu geährden.

Dennoch hatte Hauptmann Stangenberg durch sein schnelles entschlossenes Eingreifen ein wichtiges Ziel erreicht. Die Brücke war von Feindkräften frei. Sie wurde jetzt im Norden von deutschen Truppen gesperrt, und der Gegner, der — falls er die Simeto-Brücke rechtzeitig erreicht hätte — über diese Brücke weiter in die Ebene von Catania hätte vorprellen können, blieb südlich der Brücke liegen. Sein Angriffsschwung war an dieser Stelle ins Stocken geraten.

Der weitere Vormarsch der Engländer, der durch seine verblüffende Schnelligkeit eine Gefahr für alle in Westsizilien stehenden deutsch-italienischen Streitkräfte geworden war, wurde an dieser Stelle entscheidend gestoppt. Jetzt mußte die 8. Armee erst diese Brücke haben, um hier geraden Weges auf Catania vorgehen zu können.

Und diese Brücke über den Simeto sollte er nicht bekommen! Ein kleines Häuflein zu allem entschlossener Männer hatte sich dem XIII. britischen Korps entgegengeworfen und wollte es aufhalten. Würde es ihm gelingen?

## XII.

„Wenn die Schweren britischen Schiffsgeschütze wieder so dazwischenballern wie gestern, dann werden sie uns hier zur Schnecke machen, Kinder."

Theo Reuyter räusperte sich und spuckte über die Deckung hinweg nach vorn.

„Die denken doch, ihre eigenen Fallschirmjäger lägen hier an der Brücke. Sie werden sich hüten, hierher zu feuern. Sie haben ja auch noch andere Ziele, die sie beharken können."

Unteroffizier Paul Gross drehte sich zu Theo um, den er in der Dunkelheit nur schemenhaft erkennen konnte. Erst als Theo einen Zug rauchte, erst als das Zigarettenende aufglühte, sah er das Gesicht des Stabsgefreiten.

Dieser Mann — das wußte Paul Gross — hatte im Verlauf der vergangenen Tage, als sie — aus Primasole vorstoßend — gegen San Giorgio angerannt waren, um auch diesen vom Gegner besetzten Ort zu nehmen, manche heikle Situation ausgebügelt.

Von Primasole aus hatten sie noch am gleichen Tage versucht, die Höhen südlich der Brücke zu nehmen. Aber der Widerstand der britischen Fallschirmjäger war so erbittert gewesen, daß sie keinen Erfolg gehabt hatten. Nur die Vorhöhe hatten sie nehmen können, während die Höhe 162 wohl einmal erreicht, aber nicht genommen werden konnte.

Beim letzten Angriff hatte Theo eine britische Werferstellung im Alleingang vernichtet. So war es ihnen möglich geworden, wieder heil in die Ausgangsstellung zurückzukommen.

Am späten Abend hatten sie sich dann — über den Fluß gehend — am Nordufer des Simeto mit den übrigen deutschen Gruppen vereinigt. Dies, obgleich die Spitzen der 50. britischen Division schon das Südufer erreicht und mit dem Artilleriefeuer begonnen hatten.

Und nun lagen sie hier bei ihren Kameraden und wollten versuchen, den Gegner wenigstens zu halten, der mit einer gewaltigen Übermacht am jenseitigen Flußufer lag und die Brücke und das Nordufer unter ständigem Feuer hielt.

„Hier kann uns nichts mehr passieren, Theo."

„Wenn du damit die Verstärkung meinst, die uns heute durch das Fallschirmjäger-Regiment 4 und durch das Fallschirm-Pionier-Bataillon zugeführt wurde, dann muß ich dir zustimmen. Nicht erst zu reden von der Kampfgruppe Schmalz, die sich ebenfalls zum Simeto zurückgekämpft hat und rechts von uns liegt. Aber ich habe gehört, daß wir diese tofte Stellung doch noch aufgeben sollen. Die Panzerdivision Hermann Göring will noch dichter an den Ätna 'ranrücken, um eine kürzere Verteidigungslinie zu schaffen."

„Quatsch, Reuyter!"

Oberfeldwebel Wegleitner war herangekommen und hockte sich zu ihnen in die provisorisch ausgebaute Stellung.

„Bleiben wir denn hier, Herr Oberfeld?"

„Hauptmann Stangenberg hat im Gespräch mit dem Hauptquartier der Panzerdivision Hermann Göring und mit der 15. Panzergrenadier-Division erreicht, daß wir hier an der Linie des Simeto-Dittaino entlang verteidigen, wo die Schweren Waffen der Tommys nicht so leicht über den Fluß kommen können. Die Ätna-Stellung bleibt uns ja immer noch offen, wenn der Gegner erst mal hier durchgebrochen ist und wir laufen gehen müssen."

„Na, Gott sei Dank!"

„Und wie sieht es im Nordwesten und Norden aus? Ist dort alles dichtgemacht worden, damit nicht die Amerikaner durchstoßen und uns dann hier einpökeln?"

„Bis südlich Leonforte fließt ja der Dittaino. Von dort aus soll die Front ziemlich genau nach Norden über Nicosia und Mistretta nach San Stefano an die Küste zurückgenommen werden. Die 15. Panzer-Grenadier-Division wird es noch eben rechtzeitig vor den Amerikanern schaffen und durchkommen."

„Dann können wir wenigstens hier so lange halten, bis der Troß und die Stäbe bei Messina 'rübergemacht haben", fiel Theo ein.

„Wir wollen auch noch ans Festland 'rüber, mein Lieber. Das könnte dir so passen, in Gefangenschaft zu gehen und die dicken amerikanischen Portionen zu schlucken. Ist nicht!"

„Darüber kriegst du noch näheren Bescheid, Alter. Schließlich muß doch einer den Gegner halten. Und das sind wir."

„Auf jeden Fall haben wir es hier besser, als es uns gestern ergangen ist. Hier liegt wenigstens der Fluß zwischen uns und dem Tommy. Und da kommt er mit Schweren Püstern nicht 'rüber."

„Abwarten, Alter. Wenn sie erst mit dem ganzen Haufen angreifen, bleibt bei uns kein Auge trocken."

„Inzwischen sind aber auch unsere Schweren Waffen 'rangekommen. Sobald der Rummel anfängt, wird Sperrfeuer auf die Brücke gelegt. Über den Simeto kommen die Tommys nicht."

„Du hast vielleicht einen sonnigen Humor, Kleiner! Waffen werden bei uns durch stramme Haltung ersetzt."

„Also, ich muß weiter! Hundertprozentige Wachbereitschaft, Jungs, damit sie uns nicht im Schlaf überrollen." Oberfeldwebel Wegleitner stand auf. „Es ist immerhin möglich, daß sie sich eine der Furten aussuchen und doch über den Fluß kommen. Sie werden sich ja denken können, daß es auf der Brücke für sie kein Zuckerlecken werden wird."

„Wer steht denn direkt an der Brücke, Herr Oberfeld?" fragte Viktor Literski.

„Das erste Bataillon des Fallschirmjäger-Regimentes 4. Es hält den schmalen Streifen beiderseits der Brücke."

„Oberstleutnant Walther wird den Gegner schon gebührend empfangen, Jungs."

Die wuchtige Gestalt des Oberfeldwebels verschwand in Richtung auf den Kompanie-Gefechtsstand.

„Was hältst du denn von der Lage, Theo?" Oskar Poppek wandte sich seinem Schützen I zu. Der zuckte die Schultern.

„Noch geht's ja. Aber wenn die Tommys erst ihre Schweren Waffen fein der Reihe nach drüben aufgebaut haben, dann werden sie uns zur Waldschnecke machen; das kann ich dir schriftlich geben.

Wir werden uns dann hier vorkommen, als hätte man uns mit 'nem Leierkasten überfahren. Die Alliierten haben doch die südsizilianischen Häfen in ihrer Hand. Sie werden nicht zögern, alles, was sie drüben in Nordafrika und auf Malta bereitstehen haben, 'rüberzuwerfen und uns den Arsch warm zu machen. Und das ist eine ganze Menge!"

„Immer kommen lassen", fiel Literski, der Schütze III, ein. „Über den Simeto kommen sie nicht!"

„Du bist vielleicht sonnig! Da helfen keine Sportpalastreden von Jüppchen. Maulspitzen ist nicht! Gepfiffen muß werden, verstehst du? Die Tommys werden 'rüberkommen! Gott ist immer auf der Seite der stärkeren Bataillone, Viktor. Das kannst du ruhig glauben."

„Mensch, Theo, du willst doch nicht damit sagen, daß wir hier nur verbraten werden?"

„Nein, das nicht. Unsere Kommandeure sind schon auf Draht. Papa Heidrich wird uns hier nicht in der Scheiße sitzen lassen. Und Kesselring erst recht nicht. Aber die ganze Karre ist trotzdem verfahren. Wir sind hier eine Handvoll Männer, und drüben liegen sie divisionsweise. Wenn wenigstens die Italiener mitgemacht hätten, dann sähe es rosiger aus. — — — Das ist es, was ich meine."

Als es nebenan gluckste, wandte sich Theo um.

„Mensch, Bröckelmann, hast du etwa noch einen in der Pulle und sagst uns kein Wort davon?"

„Noch Beuteware von gestern. Ganz anständiges Zeug. Haut den stärksten Eskimo vom Schlitten."

„Reich schon 'rüber!"

Bröckelmann gab die Feldflasche weiter, und Theo nahm einen tiefen Zug. Aufatmend setzte er die Flasche ab, wischte sich mit der freien Hand über den Mund und gab die Flasche an Poppek weiter. Bröckelmann protestierte schwach, doch Oskar hatte die Flasche schon angesetzt und trank bereits. Hustend und spukkend sprudelte er den Whisky wieder aus dem Mund heraus.

„Was ist denn das? Wohl Kunstdünger drin, was? Ätzt einem ja ein Loch in den Magen."

„Auf jeden Fall nichts für so Jünglinge, wie du einer bist, Oskar. Du brauchtest Milch oder Zitronensaft."

Sie schwiegen eine Weile. Granaten rumpelten unentwegt über sie hinweg nach Norden und schlugen weit hinter ihnen ein; dort, wo die ersten der schnellstens vorgeworfenen

Schweren Waffen in Stellung gegangen waren und das Feuer erwiderten.

Die Nacht stand hoch und klar über ihnen. Es war die zweite Nacht nach der Landung der britischen Fallschirmjäger an der Primasole-Brücke. In den nächsten Tagen würde Vollmond sein. Die Sterne erschienen Viktor Literski so hoch und so weit entfernt, als seien es silberne Nägel, die durch den dunklen Samt der Himmelsglocke hindurchgetrieben worden waren. Irgendwo weiter im Süden fiel eine Sternschnuppe. Der leuchtende Feuerschweif zog über den Himmel und verglühte weit draußen in der Nacht.

„Was wohl die Kameraden von der dritten Gruppe machen?“ begann Poppek nach einer langen Pause.

„Nach dem Volltreffer der 15-cm-Granate ist nicht mehr viel übriggeblieben. Schulte und Danielsmeier sollen als einzige leichter verwundet sein. Sie werden davonkommen.“

„So eine Sauerei!“

Theos Gesicht verhärtete sich. Die dritte Gruppe hatte dreißig Meter von ihnen entfernt gelegen. Diese kleine Distanz von dreißig Metern hatte es ausgemacht, daß sie selber noch hier lagen; daß sie die Sterne sahen, den Duft spürten, den der Nachtwind ihnen zutrieb, und daß sie miteinander sprechen konnten. Die Kameraden der dritten Gruppe hatte es getroffen. Sie waren gefallen, verstümmelt zurückgeblieben.

Theo schloß die Augen. Auf der Innenseite seiner Liddeckel tauchte Inges Bild auf. Er hätte in diesen Tagen aus Frankreich in Urlaub fahren sollen. Wenn seine Übungssprünge aus der Rutsche der Me absolviert gewesen wären, hätte er fahren dürfen. Seine Heiratspapiere hatte er alle zusammen gehabt. — — — Und dann war dieser Marschbefehl gekommen; dieser Befehl, der sie wieder irgendwohin in den Einsatz warf.

Vielleicht, daß er in den nächsten Wochen fahren konnte, wenn dies hier auf Sizilien vorbei war. Er würde selbstverständlich auch zum Kotten gehen, wie sie die Fabrik nannten, in der er als Meister im Walzwerk arbeitete. Er würde die alten Kumpels wiedersehen, denen die Gluthitze des schmelzenden Stahls die Wangen rotgefärbt hatte. Mit ihnen gemeinsam würde er einen zur Brust nehmen und sich die alten Geschichten zum x-tenmal erzählen lassen und sie immer noch so komisch finden, wie beim erstenmal.

Dann dachte er plötzlich wieder an Inge.

Immer, wenn Theo an Inge dachte, hatte er das verzweifelte Gefühl, daß alles, was sie hier taten, sinnlos sei. Zu Hause wartete das Leben auf ihn und das, was das Leben erst lebenswert machte. Hier aber gab es nichts anderes als Blut und Tränen.

Anthes war gestern gefallen. Engler am Nachmittag auf der Höhe 162. Beide waren sie jung gewesen, beide hatten sie noch nichts vom

Leben gehabt. Beide hatten sie nichts anderes gekannt als den Krieg.

Er wollte nicht so umkommen. Er wollte zu Inge heimkehren. Das Leben bestand doch nicht darin, daß man irgendwo in der Welt im Dreck lag und aufeinander schoß. Das war doch nicht der Sinn des Lebens, daß sich die Menschen auf die ungefähr schlimmste Art und Weise, die es gab, vom Leben zum Tode beförderten. Das Leben war anders. Nicht so völlig sinnlos. Nicht so ohne jede Hoffnung.

Wie weich Inges Haut sich angefühlt hatte! So weich und warm, so glatt, so ... Er wußte nicht, wie er die Süße beschreiben sollte, die seinen letzten Urlaub zu so großer Höhe emporgehoben und den Abschied so schwer gemacht hatte.

Und ihre Augen — braune Kastanien im glasklaren Kristall ihrer Tränen —, ihr Mund und die Brückenbogen der Brauen. Das war Leben gewesen! Das war Unendlichkeit. Und das war es gleichzeitig, wofür sie alle kämpften und was sie durchhalten ließ: daß sie alle dermaleinst ihre Lieben wieder in den Armen halten würden.

Ein schmetternder Detonationsschlag ließ Theo jäh aus seinen Träumen in die Wirklichkeit zurückfinden. Dreißig Meter vor ihnen war eine Granate eingehauen und verstreute ihre Splitter in die Runde. Eine Minute später war der Himmel südlich des Simeto plötzlich auf eine Breite von dreitausend Metern von den zuckenden Flammen unzähliger Mündungsfeuer erhellt.

„Jetzt geht es los!"

Unteroffizier Gross sah auf das Leuchtzifferblatt seiner Armbanduhr. Sie zeigte 2.35 Uhr an. Das Feuer brandete stärker und stärker auf, bis die Feuerwand der Abschüsse, die immer wieder aufsprang und zusammenfiel, kompakt in der Luft stehenblieb und wie ein Vorhang wirkte, der von unsichtbaren Händen oben gehalten wurde.

Das Brüllen der Feindgeschütze verschmolz mit den Einschlägen und dem Heulen der herüberorgelnden Granaten zu einem einzigen grollenden und dröhnenden Laut des Verderbens. Das fürchterliche Getöse dieser Kanonade schlug den Männern das Mark aus den Knochen, ließ sie sich vor Furcht zusammenkrümmen.

„Verdammt, verdammt!"

„Das ist garantiert die Feuervorbereitung zu einem Angriff auf die Brücke", sagte Paul Gross.

„Jetzt kommen sie zu spät. Da hätten sie eher aufstehen müssen, als Hauptmann Stangenberg noch allein mit seinen ‚Fußkranken' hier vor der Brücke lag."

Einer der Männer lachte hysterisch. Doch sein Lachen ging in einer berstenden Detonation unter, mit der eine schwere Granate unterhalb ihrer Stellung dicht am Fluß einhieb.

Reihenweise heulten jetzt die Granaten über den Fluß und über die vordersten deutschen Schützenlöcher und Kampfstände hinweg. Die

Geschoßsalven schlugen weiter hinten in die vorgezogenen deutschen Artilleriestellungen hinein. Dort aber, wo dieser Todesregen niederging, wurden Geschütze und Lafetten in die Luft geschleudert, stiegen die schmetternden Detonationen, mit denen die Munitionsstapel in die Luft flogen, in die zu einer Lärmhölle gewordenen Nacht empor.

Und mit einem Male röhrte es auch von Osten und Südosten heran. Die Nacht schien tobsüchtig zu werden. Die Luft dröhnte vom Donner der Waffen und vom Heulen der durch die Nacht orgelnden Granaten.

„Die Schiffsgeschütze!" schrie Poppek seinen Kameraden zu, um den Lärm zu übertönen.

„Und ich dachte schon, es wären Filzbienen", brüllte Theo zurück und grinste verkniffen.

Das Heulen und Belfern, das Tosen und Kreischen dieses Infernos verschlug ihnen allen den Atem. Die Detonationen, das Kreischen der durch die Luft sausenden glühenden Stahlfragmente schlug wie mit Schmiedehämmern gegen ihre Ohren und machte sie taub. Es war fürchterlich.

Sie krallten sich in den felsigen Boden. Sie preßten sich tiefer in die Deckungen hinein, um diesem Stahlhagel zu entgehen. Wie immer, so packte sie auch heute die gleiche Verzweiflung, die gleiche Hoffnungslosigkeit und die gleiche Furcht vor dem Tode.

Und daß sie sich auch unter dieser gewaltigen Feuerglocke wieder aufrafften, daß sie trotzdem kämpften, wenn es sein mußte, das machte ihre Größe und ihre Zuverlässigkeit aus, mit der sie immer wieder die Schlacht aus dem Feuer rissen.

Niemand schrieb von diesen Zeiten der Furcht und der Todesnot. Für die Wehrmachtsberichte galten Taten. Die Wochenschau hielt nur die glänzenden Siege fest und nicht die völlig unpathetischen und vor allem unsichtbaren und unzählbaren Siege des einzelnen über seinen inneren Schweinehund.

Sie waren doch Soldaten und hatten als Soldaten auch ihre „verdammte Pflicht und Schuldigkeit" zu tun. So wurde ihnen gesagt. So sprachen diejenigen, die es wissen mußten.

Aber das Herz jedes einzelnen Mannes, der in den Feuerofen der Schlacht geworfen wurde, dieser kleine zuckende Ballen Muskeln, der den Menschen trieb, dachte noch nicht so. Für ihn war am Leben bleiben alles.

Weit im Süden hörten sie plötzlich das Motorengegroll anrollender Panzerverbände. Zwei Stunden hatte dieses wahnsinnig machende Trommelfeuer gedauert. Zwei Stunden hatten sie hier im Zentrum der Hölle ausgehalten. Gemeinsam hatten sie es geschafft, und in den nächsten Minuten würden sie aus dieser Hölle in das Fegefeuer geraten.

„Aufpassen, Jungs! Gleich werden sie antreten."

Unteroffizier Gross war aus dem Nachbarstand zu ihnen herübergekommen. Als er Viktor Literski ins Gesicht sah, als er aus der Haltung des Kameraden erahnen konnte, daß sich das Entsetzen in Viktor eingefressen hatte, legte er ihm scheinbar absichtslos die Hand auf die Schulter.

„Angst, Viktor?"

Als Viktor Literski nickte und sich vor der nächsten Salve noch tiefer in die Deckung drückte, hieb Paul Gross ihm auf die Schulter, daß es klatschte.

„Na, und ich erst, Viktor. Aber wenn es gleich losgeht, werden wir wieder die alten sein."

Noch einmal hämmerten die Schnellfeuergeschütze ihre glühenden, pfeilschnell heranzischenden bunten Girlandenschnüre über den Fluß. Noch einmal rötete glühende Lohe den Himmel; so, als zöge mitten in der Nacht die Sonne herauf, als breche der neue Tag an. Dann verlegte die Feuerwalze schlagartig weiter nach Norden zurück, während die kleineren Kaliber, die nur knapp über den Fluß gekommen waren, wie abgehackt schwiegen.

„Da vorn! Sie kommen!"

Im ersten Morgenlicht erkannten die Männer des MG-Bataillons die britischen Panzer, die durch die fahl dämmernde Düsternis heranrollten und schemenhaft sichtbar wurden.

„Aufgesessene Infanterie!"

Als Theo seine Wahrnehmung meldete, fielen die beiden Zwozentimeter-Vierlinge, die bis dicht beiderseits der Brücke vorgezogen hatten, in das Feuer des Gegners ein. Acht leuchtend bunte Feuerschnüre zischten dem angreifenden Gegner durch das Zwielicht entgegen. Beiderseits der Brücke und in genauer Stoßrichtung auf die Brücke zu griffen die Engländer an.

Männer stürzten im Stahlwirbel der Schnellfeuerkanonen von den Panzern herunter. Sie blieben liegen und wurden von den nachfolgenden Stahlkolossen in den Boden gewalzt. Detonationen sprangen bei dem vordersten Panzer auf, als die Achtacht ihn aufgefaßt hatte. Flammen durchzuckten die vom flackernden Schein der Abschüsse und Einschläge gespenstisch erhellte Dämmernis.

„Was macht denn unsere Schwere Flak? Warum feuert sie nicht weiter?" brüllte Koddebusch, als die Achtacht plötzlich schwiegen. Und als sei dies das Stichwort gewesen, fielen die Schweren Geschütze erneut in das Feuer ein. Die vier Achtacht (zu den zwei Geschützen des ersten Tages waren von Catania noch weitere zwei Geschütze 'rausgeschafft worden), die in der Nacht in die vorbereiteten günstigsten Schußpositionen vorgezogen waren, feuerten gleichzeitig. Bei zwei der vordersten Panzer sprangen Stichflammen empor. Ein zweiter Treffer ließ den vordersten liegenbleiben. Die Besatzung versuchte auszusteigen.

„Feuer frei!"

Auf dem gesamten Frontabschnitt des Fallschirm-MG-Bataillons begannen die Maschinengewehre zu tacken. Unter ihren Feuerstößen ging die Begleit-Infanterie hinter ihren Panzern in Deckung. Der Angriffsschwung der Engländer erlahmte.

Aus den Geschützen und MG der Panzer spritzten die schmalen Fahnen des Mündungsfeuers, und die Sprenggranaten gingen bei den MG-Stellungen auf dem nördlichen Flußufer nieder und krachten auseinander. Glühender Stahl wurde über die Köpfe der Fallschirmjäger hinweggestreut. Abwechselnd rollten die Panzer vor, und die Infanterie rückte sprungweise nach.

„Die kommen über die Brücke!" schrie Theo in einer kleinen Gefechtspause. Als er sah, daß Oskar den nächsten Gurt eingelegt hatte, zog er den Abzug durch und schickte dem Gegner einen Feuerstoß entgegen.

Oskar Poppek arbeitete mechanisch weiter. Er wußte genau, was er zu tun hatte. Das gefräßige Maul des MG verschluckte die Gurte. Das Schloß fraß die Patronen und spuckte die leeren Hülsen mit Vehemenz zur Seite, wo sie auf den Felsen klirrten, der ihren Kampfstand zur Seite hin abschirmte.

Poppek achtete darauf, daß der Gurt gut zuführte und nicht irgendwo hängenblieb. Er dachte an nichts anderes, als an diese seine Aufgaben.

Viktor Literski sah die Flammenzunge einer MG-Salve über den Fluß peitschen. Er holte gerade einen Munitionskasten aus der Bereitschaft hinter sich. Zwanzig Zentimeter über seinen Kopf zischten die Stahlprojektile hinweg in die Nacht. Jedes dieser winzig kleinen Geschosse konnte — wenn es nur eine Handbreit niedriger gezielt war — sein Leben auslöschen.

Nicht einmal begraben wird man hier! dachte er.

„Los, Viktor! Was ist denn? Los, mach hin!"

Poppeks Rufe rissen ihn in die Höhe. Er nahm den Blechkasten mit der gegurteten Munition und reichte ihn zu Poppek vor. Im gleichen Augenblick, als Poppek ihm den Kasten abnahm, drehte er sich schon wieder zurück und griff nach dem nächsten Kasten.

Theo feuerte auf die aufspringenden und mit jedem Sprung mehr Gelände gewinnenden Gestalten. Das waren die Gegner. Diese Männer, auf die sie jetzt feuerten, trachteten ihnen nach dem Leben, und sie mußten sich ihrer erwehren. Sie kannten sich nicht, aber sie töteten sich, um selber am Leben zu bleiben.

Angestrengt spähte Theo in die Richtung, wo die Feindgruppe in Deckung gegangen war. Vorn an der Bodenwelle würden sie wieder auftauchen, wenn sie den nächsten Sprung nach vorn machten. Auf diesen Augenblick mußte er warten, wenn er den Ansprung des Gegners zunichte machen wollte. Er richtete den Lauf des MG dorthin, wo der Gegner erscheinen mußte. Den Finger am Abzug, wartete er auf die aufspringenden Schatten.

In dem Augenblick, als diese ersten Schatten am Ende der Bodenwelle aufsprangen, zog er den Abzug durch. Der lange Feuerstoß schnitt — von links nach rechts geführt — mitten durch die Reihe der aufspringenden Gegner hindurch und warf sie hart auf den Fels.

„Da vorn haben sie es geschafft!"

Die ersten Engländer hatten — unterstützt durch die beiderseits des Südendes der Brücke aufgefahrenenen und unablässig feuernden Panzer — das südliche Ende der langen Fachwerkbrücke erreicht.

In dem Augenblick aber, als sie über die Brücke nach vorn rasten, um über den Fluß zu kommen, orgelte es von Norden heran. Alle deutschen Geschütze, die nur auf den Befehl zur Feuereröffnung gewartet hatten, begannen zu feuern. Ihr Feuer aber lag auf der Südhälfte der Brücke.

Theo sah im langsam heller werdenden Morgenlicht die Einschläge aufwirbeln, und auf den Spitzen dieser Detonationskegel die mit in die Luft fliegenden getöteten Angreifer. Es war ein grausiges Bild der Hölle, das sich ihnen jetzt bot.

Fünf Minuten dauerte dieses dichte Trommelfeuer auf die Brücke. Dann brach es ebenso jäh, wie es aufgekommen war, wieder ab. Dort aber, wo die englischen Sturmeinheiten im tollkühnen Sprung nach vorn die Simeto-Brücke erreicht hatten, war nichts anderes zu sehen, als Trümmer und die zu Boden geschmetterten Gestalten der Angreifer.

Durch sein Glas erkannte Unteroffizier Paul Gross die Verwundeten, wie sie zurückzukriechen versuchten — mit eckigen Bewegungen und nachschleifenden Beinen. Er biß sich auf die Lippen und spürte den warmen, faden Geschmack von Blut auf der Zunge.

Nur nicht weich werden! rief er sich selber zu. Wer hier durchdrehte, mit dem war es aus; der ging todsicher vor die Hunde. Hier bestand nur der Härteste.

„Aufpassen, Theo! Halblinks voraus; hinter dem Baum am südlichen Flußufer."

Theo drehte den MG-Lauf in die von Viktor angegebene Richtung. Als es hinter dem verkrüppelten Baum aufblitzte, zog auch er den Abzug durch. Visier war jetzt gegen Visier gerichtet. Schnelligkeit entschied das Duell der MG-Schützen zugunsten des Schnelleren. Nichts anderes galt mehr.

Die rauchenden Feuerstöße begegneten sich auf halbem Wege, und dann zischten die Geschosse des englischen MG über das MG-Nest hinweg, aus dem Theo feuerte.

Hinter sich hörte Theo einen gellenden Schrei. Er wollte sich umdrehen, doch das Feuer des Gegners zwang ihn, ebenfalls zu feuern, um ihn niederzuhalten.

„Das war Viktor!" sagte er sich selber vor. Als die Geschoßschnüre unmittelbar über seinen Kopf hinwegzischten, war er versucht, in volle Deckung zu gehen, um nicht das gleiche Schicksal zu erleiden, wie es der Kamerad erlitten hatte. Die MG-Schützen I waren immer in Gefahr, denn genauso, wie sie freies Schußfeld zum Gegner haben mußten, hatte der Gegner freies Schußfeld auf ihn. Dann aber — es war Theo, als zwänge ihn eine unbekannte Kraft, von deren Vorhandensein er nichts anderes wußte, als daß sie da war, daß sie in Sekunden wie diesen eingriff, in denen er schwach werden wollte — zog er den Lauf der Waffe eine Kleinigkeit höher. Er erkannte die auf sich zuflitzende rauchende Geschoßbahn, obgleich es inzwischen hell geworden war. Dann sah er seine eigene Geschoßspur, die genau dorthin flitzte, wo die gegnerische Geschoßbahn aufsprang. Er hörte das Knattern der Einschläge, und Sekunden später schwieg das Feind-MG wie abgehackt.

„Getroffen!" schrie Poppek.

Mit schmetterndem Schlag detonierte vor ihnen auf dem Felsen eine Panzer-Sprenggranate und zwang sie in volle Deckung hinunter.

Die deutsche Flak feuerte in schneller Schußfolge, was aus den Rohren herausgehen wollte. Sieben britische Panzer standen brennend am Südufer des Simeto. Einer von ihnen feuerte immer noch, als schon die Flammen aus seinem Motor herausschlugen; bis eine Detonation in seinem Innern alles Leben auslöschte.

Als das Feuer auf ihrem Kampfabschnitt

nachließ, drehte sich Theo zu den Kameraden um.

„Was ist dir, Viktor?"

„Mich hat es erwischt, Theo."

Zwischen beiden Händen, die Viktor Literski auf die Brust preßte, quoll es in dunklen Strömen hervor.

„Nicht sprechen, Viktor!"

Oskar war schon dabei, dem Kameraden die Jacke auszuziehen. Als Theo mit anfaßte, als seine Hände stützend hinter den Rücken des Kameraden griffen, schrak er unwillkürlich zurück. Er hatte den großen ausgezackten Ausschuß ertastet und spürte, wie der warme Strom des Blutes aus dieser Wunde floß und das Leben ihres Kameraden mitnahm.

„Hier, nimm auch meine beiden Päckchen."

Oskar wickelte schon das dritte Verbandpäckchen um die Brust des Kameraden.

„Habe ich — — — viel — — — abgekriegt?" fragte Viktor mit Anstrengung und sah Poppek aus hoffenden Augen an.

„Ach wo, alter Knabe. Kleiner Heimatschuß", log Oskar mit gepreßter Stimme. „Mußt nur ruhig liegenbleiben und nicht so viel quasseln, dann klappt es schon."

Stoßweise und keuchend sog Viktor den Atem in den zerrissenen Brustkorb. Blutbläschen standen mit jedem dieser Atemzüge auf seinen Lippen. Sein Gesicht war in der Qual der Todesnot verzerrt. Dennoch weigerte sich sein Herz, zu glauben, daß dies das Ende sein sollte. Seine Hände falteten sich. Die Lippen bewegten sich leicht beim Beten.

Theo und Oskar sahen auf den Kameraden nieder, während rings um sie herum das Hämmern der Waffen den Morgen in Fetzen riß. Sie sahen den Körper des Kameraden auf der Sohle ihres Deckungsloches liegen. Aber das war schon nicht mehr ihr fröhlicher Kamerad Viktor Literski, der hier lag. Das Antlitz in der fürchterlichen Farbe des Todesgrau mit den dunklen Bartstoppeln war das Gesicht eines Mannes, der im Gehen war; der für immer diese Welt verlassen mußte, auch wenn er es selber nicht glauben wollte.

Und sie, die sie bei ihm waren, konnten nichts anderes für ihn tun, als ebenfalls zu beten; mit den längst schon vergessenen Worten der Bitte um Gnade an den Ewigen für ihren Kameraden, der den Weg anzutreten bereit war, den sie jederzeit zu betreten gezwungen sein konnten.

Als es mit häßlichem Zwitschern vor ihnen von der Felswand abprallte und zur Seite heulte, als die MG der Kameraden links und rechts von ihnen mit hektischer Betriebsamkeit zu feuern begannen, schnellten sich die beiden Männer herum.

Die Engländer griffen erneut an. Beiderseits der Brücke war die nur eine Minute dauernde Scheinruhe vorbei. Dort toste wieder das Inferno des Beschusses. Dort stand das erste Bataillon des Fallschirmjäger-Regimentes 4, und dort hatte auch der Gegner seine Hauptkräfte angesetzt. Es war ein Bataillon der Durham-Brigade, das den frontalen Angriff durchzuziehen trachtete.

Mit einem Schlage aber schwenkten plötzlich alle Waffen nach rechts ein. Theo sah weiter flußaufwärts die Engländer in vier oder fünf Säulen durch die Furt gehen. Innerhalb einer halben Minute waren die durch die Furt gehenden Kolonnen von MG-Feuer überschüttet.

Leichen trieben flußabwärts. Ein paar Angreifer warfen die Waffen fort. Sie tauchten und versuchten, sich schwimmend wieder an das südliche Ufer zu retten. Die aber, die zurückhasteten und ein besseres Ziel boten, als die Schwimmenden, wurden von den Geschossen der MG ereilt und in den Fluß geworfen.

Auch dieser zweite britische Angriff blieb im Feuer der Verteidiger liegen. Hier und in diesem Augenblick des Geschehens stellte sich eindeutig heraus, daß der Gegner seine Stunde verpaßt hatte.

Einen halben Tag eher hätte die 50. britische Infanteriedivision an der Brücke sein müssen. Zwölf Stunden eher, und der Gegner wäre nach Catania durchgestoßen und hätte damit die Möglichkeit gehabt, eher als das Gros der Verteidiger in Messina zu sein und die Übersetztätigkeit der Fähren und Sturmboote lahmzulegen.

Damit aber wären alle auf Sizilien stationierten deutschen und italienischen Soldaten in Gefangenschaft geraten. Divisionen, die dann nicht mehr hätten ersetzt werden können. Truppen, die sich später auf dem italienischen Festland immer wieder den Alliierten entgegenwarfen und sie aufhielten.

Das Nach-Luft-Schnappen des Kameraden, das hinter Theo und Poppek erklang und das in diesem Augenblick sogar den Lärm der erneut einsetzenden Kanonade und das Gebrüll der detonierenden Granatwerfergeschosse übertönte, gab diesen Minuten des Sterbens etwas Grauenvolles, Verzweifeltes.

Theo versuchte, nicht darauf zu hören. Aber er konnte nichts anderes, als immer wieder auf diese fürchterlichen Geräusche zu achten. Er wollte sich die Ohren zuhalten, um diesen Todeskampf nicht miterleben zu müssen, aber er vermochte es nicht.

Hier auf der Grabensohle hinter ihm lag sein Kamerad, den er kannte und mit dem er zusammen in harten Tagen und Nächten das gleiche Schicksal des Krieges durchgestanden hatte. Und nun sollte auf einmal diese Gemeinsamkeit zu Ende sein?

Das schmale, wächsern gewordene Gesicht des Kameraden schien nach oben zu lauschen.

„Was ist das für ein Lärm?" fragte Viktor, plötzlich wieder ganz klar und doch nicht klar. „Warum schießen sie denn?"

Mit zitternden Händen setzte Oskar ihm die Feldflasche an die Lippen, als er sah, wie der Kamerad schluckte und wie trocken die Lippen geworden waren. Viktor nahm einen Schluck. Dann wollte er sich plötzlich aufrichten; doch mitten in der Bewegung erstarrte er und fiel dann zurück.

Oskar beugte sich über ihn. Theo hörte den Kameraden schlucken und sah, wie Oskar dem Toten die Hand auf die Schulter legte, als lebe er noch. Ein trockenes Schluchzen schüttelte Poppek, das in dem jäh wieder aufflackernden Feindfeuer unterging.

Auf der gesamten Abschnittsbreite gingen die Männer am Nordufer in volle Deckung. Alles andere ging jetzt unter in dem einen, alle Herzen bewegenden Gedanken nach der eigenen Sicherheit, die nun auf das Schwerste gefährdet war.

Sie krallten sich in die Erde ein. Sie wünschten sich, so klein wie Insekten zu sein und sich in den Ritzen der Felsen verkriechen zu können.

Donnernd schlug der Stahl auf sie nieder. Heulend kreischten riesige glühende Splitter über sie hinweg und schmetterten gegen die Felsen. Noch einmal wurde der Morgen tobsüchtig.

Sie fluchten und baten. Sie preßten sich an den von der Morgensonne erhellten Fels. Sie warteten auf den Tod und hofften doch immer noch auf Rettung, weil sich das Herz auch jetzt nicht nicht geschlagen bekennen wollte, weil es auch jetzt noch mit blinder, aber lebendiger Hoffnung erfüllt war.

Dreißig Minuten lang dauerte das Bombardement. Anschließend rannten die britischen Sturmabteilungen erneut gegen die Brücke.

Es gelang einer Gruppe der Angreifer, sich auf der Brücke festzusetzen. Ein Gegenstoß der deutschen Fallschirmjäger warf sie wieder hinunter. Beide Seiten erlitten hohe Verluste.

In einer Kampfpause kamen die Sanitäter durch die Stellungen und schleppten unter dem Feuer der Geschütze die Verwundeten dorthin zurück, wo die Sankas warteten, welche die Verwundeten nach Catania bringen sollten.

Im Rattern der MG, im Ploppen der überschweren britischen Werfer und im Wummern der Panzerkanonen brachten sie die Verwundeten nach hinten. So retteten sie vielen Männern das Leben. Freund und Feind brachten sie zurück; so, wie sie sie fanden. Und so fielen auch viele von ihnen in der Erfüllung ihrer Pflicht.

## XIV.

„Eines ist klar, meine Herren. Wir können ebensowenig die Brücke betreten, wie der Gegner. Die Verlustmeldungen zeigen eindeutig, daß es Wahnsinn wäre, die Brücke besetzen zu wollen. Alle Geschütze des Gegners sind auf die Brücke gerichtet."

Oberstleutnant Walther, der Führer der im Raume der Primasole-Brücke gebildeten Kampfgruppe Walther, der neben seinem eigenen Regiment noch das MG-Bataillon, das Fallschirm-Pionier-Bataillon und die ebenfalls zum Entsatz herangekommenen Artillerie- und Panzerjäger-Abteilungen angehörten, wandte sich der Karte zu.

„Aber wir müssen die Brücke besetzen, Herr Oberstleutnant, weil sonst der Gegner über den Fluß kommt."

„Die Brücke liegt unter ständigem Feuer. Sie ist zum Niemandsland geworden. Wenn es dem Gegner gelingt, sie zu überschreiten und am Nordende einen Brückenkopf zu errichten, aus dem heraus er zum Sturm auf Catania antreten kann, dann waren alle bisherigen Bemühungen umsonst."

Major Schmidt hatte es so eindringlich gesagt, als wolle er die Offiziere beschwören.

„Die einzige Möglichkeit, die auch auf die Dauer gesehen Erfolg verspricht, ist die Sprengung", warf Major Adolff ein, der Kommandeur der Fallschirm-Pionier-Bataillons.

„Wer sollte denn mit Sprengmitteln auf die Brücke gelangen, Adolff? Es wäre doch Wahnsinn. Und diesen Wahnsinn zu befehlen, wäre meine Erachtens noch mehr als Wahnsinn."

„Es soll ja nichts befohlen werden, Herr Oberstleutnant. Ich werde mit ein paar meiner Männer versuchen, die Brücke mit den zur Verfügung stehende Bomben zu spregen. Erst wenn es gelungen ist, sie unpassierbar zu machen, hat unsere Verteidigung am Simeto einen Sinn gehabt."

„Das wäre zwar das beste", fiel Hauptmann Stangenberg ein, „aber wir haben es ebenfalls schon versucht. Und das war gleich am ersten Morgen, als noch nicht das gesamte XIII. britische Korps hier am Fluß angekommen war."

„Ich werde es trotzdem versuchen."

Eiserne Entschlossenheit lag in der Stimme des Bataillons-Kommandeurs. Keiner widersprach ihm mehr, weil sie alle heraushörten, daß dies Major Adolffs unumstößlicher Entschluß war. Jeder, der im Kampfgruppen-Gefechtsstand versammelten Männer hoffte insgeheim, daß es Major Adolff vergönnt sein möchte, diese Unternehmung erfolgreich durchzuführen.

„Gut, Adolff! Suchen Sie aus Ihrer Einheit ein paar Freiwillige aus, mit denen Sie das Unternehmen starten könnten."

„Ich würde vorschlagen, dieses Kommando

erst nach Einbruch der Dunkelheit starten zu lassen."

„Dann kann es schon zu spät sein. Immerhin ist es ja möglich, daß der Gegner zur gleichen Zeit einen Angriff startet. Ich muß sofort an die Aufgabe gehen. In der Nacht wird es durch nichts leichter sein als jetzt."

Major Adolff erhob sich, und mit ihm standen auch die anderen Männer auf. Ihre Hände fanden sich zu kräftigem Druck. Wärme überflutete die Offiziere, als sie diesen Mann ansahen, der bereit war, mit seinem Leben für dieses Unternehmen einzustehen.

„Melden Sie mir, wenn Sie fertig sind, Adolff."

„Jawohl, Herr Oberstleutnant."

Die Tür fiel hinter Major Adolff ins Schloß. Eine Minute lang blieb es vollkommen still im Gefechtsstand. Nur die hinter dem Fernsprecher sitzenden Landser sprachen halblaut, stöpselten durch und verbanden die einzelnen Stellen miteinander.

„Durch Ihren Einsatz, Hauptmann Stangenberg, ist es uns möglich geworden, hier nördlich des Simeto eine feste Riegelstellung aufzubauen." Oberstleutnant Walther hatte als erster zu sprechen begonnen. „Gelingt es Major Adolff", fuhr er nach einer kleinen Zwischenpause fort, „die Brücke zu sprengen, dann haben wir gewonnen. Mißlingt das Unternehmen, dann werden wir spätestens zum Abend mit einem britischen Angriff auf die Brücke und den Übergang zu rechnen haben."

Oberstleutnant Walther räusperte sich. Er sah die um sich gescharten Männer der Reihe nach an; dann begann er abermals:

„Die Aufklärermeldungen, die von Catania aus eingingen, sprechen davon, daß die Northumberland-Division ebenfalls am Nachmittag hier sein wird. Die Korps-Artillerie von General Dempsey soll ebenfalls dicht vor der Brücke stehen, und die 23. Panzerbrigade ist jetzt vollzählig zur Stelle. Was das heißt, brauche ich Ihnen nicht besonders vorzutragen."

„Wie sieht es mit der Westflanke aus, Herr Oberstleutnant?"

„Montgomerys XXX. Korps, das auf dem westlichen Flügel kämpft, hat Befehl, über Caltagirone in Richtung auf Enna vorzustoßen. Es wird sich dann wahrscheinlich dort mit der 7. amerikanischen Armee vereinigen, die mit ihren Spitzen bereits vor Caltanissetta, zehn Kilometer südlich Enna, vorgedrungen ist. Gelingt es ihnen — mit den Briten vereinigt —, bis zur Nordküste durchzustoßen, dann haben sie sämtliche italienischen Streitkräfte im Westteil der Insel abgeschnitten."

„Und mit ihnen auch einen Teil der 15. Panzergrenadier-Division, die sich mit Gewaltmärschen aus dem Westteil der Insel bis nach San Cataldo durchgeschlagen hat", fiel der Kampfgruppen-Adjutant ein.

„Das XII. italienische Korps ist auf jeden Fall abzuschreiben. Es liegt im Raum Corleone mit seinen Divisionen AOSTA und ASSI-

ETTA. Aber das verwundert uns nicht allzu sehr."

„Dann werden wir wenigstens sicher damit rechnen können, daß wir nicht auf sie rechnen dürfen", witzelte der Adjutant.

„Die Engländer werden nicht so schnell vorankommen", warf Hauptmann Stangenberg ein. „Sie haben gestern erst Vizzini erreicht."

„Das Tempo der britischen Truppen hat sich nur aus dem Grunde verlangsamt, weil Montgomery die an der Spitze des westlichen Angriffskeiles stehende 51. Division herausgezogen hat. Sie ist durch die kanadische 1. Division ersetzt worden. Die abgekämpfte 51. Division wurde in die Reserve zurückgenommen, um auf der Höhe Francofonte-Sortina das Hinterland von versprengten deutschen und italienischen Soldaten zu säubern."

„Damit wollen Montgomery und Eisenhower nichts anderes, als einen Keil zwischen die 15. Panzergrenadier-Division und die Panzerdivision Hermann Göring zu treiben und ihre Kampfkraft aufzuspalten. Für den Gegner wäre ein Gelingen dieses Planes außerordentlich wichtig."

„Das würde ihnen auch gelingen, wenn wir sie hier nicht zu halten vermöchten. Inzwischen werden die Kanadier wohl schon Caltagirone erreicht haben und in Richtung auf Piazza Armerina durchzustoßen versuchen."

„Wenn dann auch noch die 51. Infanteriedivision nachzieht und weiter westlich bei

Sferro über de Simeto geht, sitzen wir hier im Kessel und werden vernascht."

„Soweit ist es noch nicht. Die Panzerdivision Hermann Göring hat sich inzwischen wieder von dem schweren Aderlaß des 11. Juli erholt. Sie ist wieder aufgefüllt und wird dem Gegner erbitterten Widerstand entgegensetzen. Es war ein Jammer, daß sie nicht genügend Infanterie zur Verfügung hatte, als sie am 11. Juli beinahe bis zur Küste bei Gela hinuntergestoßen war. Dann wäre es ihnen bestimmt gelungen, die Amerikaner hier wieder ins Meer zu werfen."

„Die Schiffsgeschütze der Alliierten haben hier einen Sieg vereitelt, der von großer Bedeutung gewesen wäre."

Das Telefon klingelte. Die Telefonwache hob den Hörer ab und horchte hinein.

„Herr Oberstleutnant!"

„Geben Sie her!" Mit drei langen Schritten war Oberstleutnant Walther beim Klappenschrank. Er nahm den Hörer entgegen und horchte hinein. Die Stimme von Major Adolff schlug ihm entgegen:

„Herr Oberstleutnant, ich melde den Lkw klar."

„Danke, Adolff. Starten Sie nach eigenem Ermessen. Viel Glück!"

Ein paar Sekunden hielt Oberstleutnant Walther noch den Hörer in der Faust, dann gab er ihn dem Fernsprech-Obergefreiten zurück.

„Adolff startet, meine Herren!"

Als das Motorengeräusch des Lkw sich dem Gefechtsstand näherte, standen die Männer im Gefechtsstand auf und traten ins Freie.

Es war der Lkw, der die Bomben auf die Brücke bringen sollte. Vorn neben dem Fahrer saß Major Adolff. Als er die Kameraden sah, hob er die Hand an die Mütze und salutierte. Oberstleutnant Walther winkte ab, als der Major den Wagen halten lassen wollte. Noch einmal grüßte Major Adolff, dann war der Wagen vorbei.

„Fahren Sie schneller!" rief Major Adolff dem Fahrer zu, als er hörte, daß sich das Feindfeuer verstärkte.

Die ersten Granaten schlugen vor ihnen in die Piste ein. Stahlsplitter lärmten durch die Luft und krachten dann in Holz und Blech hinein. Glas splitterte.

Der Fahrer trat auf den Gashebel. Mit fünfzig Kilometer Geschwindigkeit jagte der Wagen der Brücke entgegen. Rasendes Feuer schlug ihm entgegen, als er in das freie Gelände vor der Brücke einbog und der Gegner erkannte, was dieser Wagen bezwecken wollte. Granatenschnüre zischten über das Führerhaus hinweg, flitzten links und rechts an dem zakkenden Lkw vorbei.

Dann erkannte Major Adolff, daß auf der nun im Niemandsland liegenden Brücke die ersten Granateinschlägie aufblitzten und sich schnell dem Nordende näherten. Mit schmetterndem Schlag brach die Windschutzscheibe heraus, und der Fahrer sackte getroffen über dem Steuer zusammen. Der Wagen kam von der Piste ab und raste einem Felsen entgegen.

Unter Aufbietung aller Kraft drückte Major Adolff den toten Fahrer zur Seite und griff in das Steuer.

Haarscharf vor dem Felsen schwang der Wagen herum und rollte wieder auf die Piste zurück. Das Feuer der Geschütze, das dem abdrehenden Wagen gefolgt war, schwenkte wieder zurück. Doch durch diese jähe Richtungsänderung hatten die Männer auf dem Lkw noch einmal eine Chance. Wieder drückte Major Adolff das Gaspedal herunter. Mit einem Satz schoß der Wagen nach vorn. Als er leicht nach links einschlug, platzte einer der Hinterreifen mit lautem Knall. Wieder geriet der Wagen ins Schleudern. Doch Major Adolff fing ihn ab und brachte ihn in gefährlicher Lage am Straßenrand zum Stehen.

„'raus in Deckung!" schrie er den auf der Ladefläche hockenden Pionieren zu. Gleichzeitig damit riß er die Tür auf, sprang mit weitem Satz aus dem von Schnellfeuer-Granaten durchsiebten Führerhaus hinaus und warf sich in den Straßengraben. Kriechend arbeitete er sich zu seinen Männern vor.

„Nicht geklappt, Herr Major!"

„Wir müssen den Wagen zum zweiten Anlauf flott machen, dann wird es klargehen. Los,

Bitter, Sie rasen zurück. Sie sollen Nebelgranaten auf den Nordrand der Brücke schießen."

Der Unteroffizier arbeitete sich durch das eingesehene Gebiet. Dann sprang er hoch und jagte den Weg zurück, den sie gekommen waren. Er lief, warf sich vor heranorgelnden Werfergeschossen zu Boden und sprang auf, um weiterzurasen. Dann hatte er es geschafft.

Fünf Minuten später — die rings um den Wagen einhauenden Werfergeschosse hatten die Seitenflächen des Lkw schon zersiebt — begannen die Geschütze Nebelgranaten zu feuern. Unteroffizier Bitter brachte noch ein paar Nebeltöpfe mit.

„Gut gemacht, Bitter!" lobte Major Adolff. „Legen Sie die Tarnkappe vor unseren Lkw, damit wir ungestört arbeiten können."

Die Nebeltöpfe begannen zu räuchern, und wenig später war der Lastwagen in dem dikken, grauschwarzen Brodem des künstlichen Nebels unsichtbar geworden. Und auch am Nordende der Brücke begann sich die Unsichtigkeit zu verstärken. Der Gegner — in der Annahme, es erfolge ein Angriff auf die Brücke — verlegte das Feuer ebenfalls auf die Brücke zurück.

„'ran, Jungs!"

Sie rasten zum Lkw und begannen das zerschossene Rad auszuwechseln, dessen Felge ebenfalls zerfetzt war. Major Adolff griff selber mit zu. Innerhalb von fünf Minuten war der Lkw wieder fahrbereit.

„Wollt ihr noch mal?" Die Männer nickten und horchten mit halbem Ohr auf das Getöse des Feuers. „Gut, dann einsteigen!"

Die Pioniere enterten auf. Major Adolff setzte sich hinter das Steuer, das ihm noch warm schien von den Händen des gefallenen Fahrers, den sie neben der Straße im Graben gebettet hatten.

Vorsichtig, mit zwanzig Kilometer Fahrt, rollten sie der Brücke entgegen. In dem Augenblick aber, als sie den Rauchschleier durchfuhren und in das lichter werdende Gewurle des Nebels vorstießen, wurde es auf dem Südufer des Simeto lebendig. MG-Feuer, Werfergeschosse und Feldartillerie-Feuer legte sich auf den Nordteil der Brücke und das Niemandsland unmittelbar davor. MG-Salven schlugen ihnen entgegen. Stahl klirrte gegen Stahl. Zwei der Männer auf dem Lkw fielen in diesem Feuer.

Major Adolff sah die Flammenschnüre zu sich herüberziehen. Er kurvte in kurzen Bewegungen über die Piste nach vorn. Eine Schnellfeuer-Kanone schleuderte ihm die kleinkalibrigen Geschosse entgegen, die das Führerhaus durchschlugen, gegen die Bomben prasselten und seitlich davonheulten. Zwanzig Meter vor der Brücke schlug ein Werfergeschoß genau unter den Vorderrädern ein. Es gab einen harten Ruck. Das Getriebe blockierte schlagartig, und der Wagen stand.

Mit einem Satz sprang Major Adolff hinaus und raste hinter den Wagen. Schüsse peitschten an ihm vorbei.

„Los, schieben, Männer!"

Die Pioniere begannen im Feuer des Gegners zu schieben. Doch der Wagen bewegte sich nicht von der Stelle. Mit hartem Schlag knallte eine Granate vorn in den Wagen und riß die Vorderachse mitsamt den Rädern aus ihrer Aufhängung.

„Geht nicht, Herr Major!"

„Verdammt und zugenäht! Es m u ß gehen, Männer!"

Im Feuer der Geschütze und der Maschinenwaffen mußten sie sich zurückarbeiten und in Deckung gehen.

Noch zweimal versuchte Major Adolff, irgendwie an die Zündkammern der Brücke heranzukommen. Er wollte mit dem wenigen Sprengstoff, der inzwischen herangekommen war, die Mittelkammern erneut füllen und dann diesen Mittelteil sprengen. Vielleicht, daß der Fluß die übrigen Teile der Brücke mitriß.

Beim ersten dieser Versuche war es dem Pionier-Trupp schon gelungen, an die mittlere Kammer heranzukommen, als eine Schnellfeuer-Kanone die Gruppe auffaßte.

Von den sechs Männern, die den Sprengstoff und die Zündmaschine trugen, fielen fünf. Der sechste — Major Adolff selber — stürzte in den Fluß und konnte sich ein paar Dutzend Meter weiter unterhalb ans Nordufer retten.

Nun wurde der Major bestürmt, dieses Unterfangen aufzugeben, das doch keinen Erfolg haben konnte. Aber Major Adolff wußte, wie enorm wichtig die Sprengung der Brücke war. Er ließ sich nicht von seinem Vorhaben abbringen.

„Seien Sie doch vernünftig, Adolff. Es hat doch keinen Zweck!" drang Oberstleutnant Walther in ihn. „Es wird Sie genauso erwischen, wie es Ihre Männer erwischt hat."

„Wir haben doch nur einen Soldatentod zu sterben, Herr Oberstleutnant", war Major Adolffs Antwort. „Ich muß es versuchen. Und jetzt, da meine Kameraden dabei geblieben sind, erst recht."

„Machen Sie es gut, Adolff."

Noch einmal versuchte Major Adolff das Unmögliche. Mit vier Freiwilligen raste er auf die Brücke zu. Es gelang ihnen, die Brücke zu erreichen und im Gewirr der Stützpfeiler und Streben unterzutauchen. Sie kletterten zu den mittleren Sprengkammern hinunter, und in dem Augenblick, als Major Adolff begann, die eine der Kammern zu füllen, hatte sich der gegnerische Stoßtrupp weit genug vorgearbeitet. Ein MG begann zu tacken.

Noch hätte Major Adolff eine Chance gehabt, sich in Sicherheit zu bringen. Aber er wollte nicht aufgeben. Seine drei Sicherer fielen unter den Feuerstößen des MG. Mit seiner MPi versuchte Major Adolff, das Feind-MG zum Schweigen zu bringen. Das letzte dramatische Duell begann.

Major Adolff arbeitete sich näher und näher an den Gegner heran. Im Duell mit der MG-Besatzung erhielt er zwei schwere Verwundungen. Drei Freiwillige bargen ihn kurze Zeit später, als die Flak das MG vernichtet hatte. Einige Stunden später erlitt Major Adolff den Soldatentod. Posthum wurde ihm einige Wochen später das Ritterkreuz zum Eisernen Kreuz verliehen.

Die Primasole-Brücke aber blieb ungesprengt. Das letzte Bollwerk vor Catania lag vor dem Gegner. Die deutschen Verteidiger richteten sich auf dem Nordufer zur Verteidigung ein. Sie wollten den Gegner — wie stark er auch immer sein mochte — daran hindern, diese Brücke zu überschreiten.

## XV.

„Wir dürfen den Deutschen keine Zeit mehr lassen, meine Herren. Wir müssen erneut angreifen."

General Dempsey, der Befehlshaber des XIII. Korps, hatte seine Einheitsführer zusammenrufen lassen, um ihnen die letzten Weisungen zur Eroberung der Simeto-Brücke zu geben.

„Das A-Bataillon meiner Brigade hat bei den drei Angriffen bis zum Mittag siebzig Prozent Verluste gehabt. Die Brücke liegt unter starkem Feuer der Deutschen, Sir."

„Dann müssen wir die Jerries genauso, also mit unserer Artillerie, vernichten. Die Artillerie des gesamten Korps ist vor der Primasole-Brücke aufgefahren. Die Northumberland-Division hat ihre Geschütze ebenfalls auf die Simeto-Brücke und die deutschen Stellungen gerichtet. Es gibt für uns nur die eine Alternative: Wir m ü s s e n durchbrechen!"

„Und wie sollen wir das ohne fürchterliche Verluste bewerkstelligen, General?"

„Das B-Bataillon wird hinter den Tanks der 23. Panzerbrigade in Richtung auf die Brücke vorstoßen und am jenseitigen Ufer einen Brükkenkopf errichten. Gleichzeitig aber wird noch Oberstleutnant Pearson mit seinen Fallschirmjägern 500 Yard westlich der Brücke durch den Fluß gehen und am Nordufer entlang zum Brükkenkopf durchstoßen. Wenn diese beiden Einheiten drüben sind, wird das Gros der 23. Panzerbrigade nachrollen. In ihrem Schutz wird die gesamte 50. Division über die Brücke gehen und den Brückenkopf so tief ausweiten, daß das Gros des Korps 'rüberkommen kann."

Oberstleutnant Pearson, der Kommandeur des I. britischen Fallschirmjäger-Bataillons, machte sich einige Notizen. Dann sah er auf. Sein Blick begegnete dem des Generals. Zuversicht strahlte ihm entgegen, die sich auf ihn übertrug und auch ihn in ein Gefühl der Hochstimmung brachte. Auch Oberstleutnant Pearson war zuversichtlich, obgleich er nur zu gut wußte, ein wie großes Wagnis es war, über den

Fluß hinweg anzugreifen, an dessen jenseitigem Ufer die deutschen Fallschirmjäger lagen. Von der sprichwörtlichen Härte dieser Grünen Teufel hatte ja auch er schon eine Kostprobe abbekommen, die ihm die Lust auf weitere Zusammenstöße verleidet hatte.

„Der Angriffsbeginn, Sir?"

„Der Feuerschlag aller Geschütze beginnt um 21.40 Uhr. Nach zweistündigem Trommelfeuer auf die vordersten deutschen Linien am Nordufer treten Sie an, Pearson. Sie arbeiten sich während des Feuerschlages — vom Gegner unbemerkt — bis zum Flußufer hinunter vor, und sobald das Feuer zurückverlegt, gehen Sie durch die Furt. Nichts darf Sie aufhalten. — Das gleiche gilt auch für Sie, Colton", wandte sich der Korpskommandeur an den Kommandeur des B-Bataillons.

„Die 50. Division wird, sobald der Brückenkopf weit genug ausgeweitet ist und alle Einheiten nördlich des Simeto liegen, zusammen mit der 23. Panzerbrigade auf Catania vorstoßen und die Stadt nehmen", warf der Kommandeur der Northumberland-Division ein, indem er seinen Chef fragend ansah.

„Genauso! Wir m ü s s e n durchkommen. Unser Weg nach Messina führt allein über Catania. Vor uns liegen die Grünen Teufel. Treiben wir sie mit unseren Roten Teufeln aus. Schließlich sind es nur insgesamt 5 Bataillone, welche die Deutschen am Nordufer des Simeto versammelt haben. Wir müssen sie in einem elementaren, gewaltigen Durchbruch überschwemmen und vernichtend schlagen. Wie ein Speer müssen unsere Panzerspitzen durch diesen schwachen Schild der Deutschen hindurchfliegen, wenn wir schnell siegen wollen und wenn wir die ersten sein wollen."

Mit diesen letzten aufrüttelnden Worten General Dempseys war die Besprechung im Hauptquartier des XIII. Korps zu Ende gegangen, und die Offiziere fuhren zu ihren Einheiten zurück, um alles für diesen Angriff vorzubereiten, bei dem es um eine große Entscheidung ging.

„Platsch doch nicht so 'rum wie ein Walroß! Sei vorsichtig, sonst hören die Jerries uns schon auf eine halbe Meile", fluchte Feldwebel Rodney King halblaut, als hinter ihm jemand ausrutschte und ins Wasser platschte.

„Bin ja kein Wassertier, Rody", wisperte Unteroffizier Nexton zurück.

Dröhnend rauschten die Schweren Koffer über sie hinweg nach Norden und schlugen weit hinten in die deutschen Stellungen ein.

Vor einer Minute waren die Roten Teufel von Oberstleutnant Pearson hier an der Furt ins Wasser gestiegen; eben als das mit unvorstellbarer Wucht auf die vorgeschobenen deutschen Stellungen niedergegangene Artilleriefeuer weiter nach hinten verlegt hatte.

„Ob die anderen jetzt auf die Brücke zumachen?"

„Klar, Billy", fiel Georges Courtney ein, der ein paar Schritte hinter ihm die Munitionskästen für die MG trug.

„Schnauze!" bellte Feldwebel King unterdrückt.

Ein schneller Seitenblick zeigte Billy Nexton die Kameraden der Kompanie, und, fünfzig Meter weiter nach Westen herausgesetzt, erkannte er die Marschsäule der zwoten Kompanie, während die dritte noch hinter ihnen am Südufer des Flusses in Bereitschaft lag.

„Da, jetzt sind sie bei der Brücke!"

Das dumpfe Rollen der Panzer und der Donner der Panzermotoren, der durch das Artilleriefeuer hindurch zu ihnen herüberklang, wurde jetzt von den Abschüssen der Panzerkanonen zerrissen.

Einen Blick zu der langen, sich schwarz vom Nachthimmel abhebenden Brücke hinüberwerfend, sah Billy Nexton die Flammenzungen der Abschüsse aus den Kanonen der Panzer herauszischen.

Dann begann das deutsche MG-Feuer, und gleich darauf knallten die Aufschläge der von der deutschen Seite kommenden Flakgranaten auf den Stahl der Panzer, und erst danach hörten sie die Abschüsse.

Billy sah, wie der Turm des vordersten Panzers plötzlich zur Seite kippte und — wie eine schräg auf ein Ohr gestülpte Baskenmütze — hängenblieb. Wenige Sekunden später knallten zwei Treffer gleichzeitig in den Panzer hinein und ließen ihn aufbrennen.

„Damned!" fluchte er, als unmittelbar darauf drei der vordersten Panzer innerhalb weniger Sekunden von den deutschen Panzerjägern aufgefaßt und durch Schüsse aus ihren Pakgeschützen zum Stehen gebracht wurden. In einem kurzen Duell wurden auch sie vernichtet.

Als Billy in eine Vertiefung trat und stolperte, stieß er einen lästerlichen Fluch aus und griff haltsuchend nach vorn. Er erwischte die Schulter seines Vordermannes und hielt sich krampfhaft daran fest.

„Wir sind doch nicht beim Baseball, old Fellow. Oder willst du dich an meiner Brust ausweinen?" brummte Feldwebel King ärgerlich.

„Mensch, halt die Luft an, sonst . . . "

Als es plötzlich ihnen gegenüber am Nordufer aufblitzte, blieben alle jäh — als sei ein Befehl gegeben worden — stehen. Doch das aufflackernde MG-Feuer war nicht auf sie, sondern auf die Brücke gerichtet, wo sie jetzt die hinter den Panzern vorspringenden Kameraden des B-Bataillons erkennen konnten. Billy sah einen ihrer Panzer schon am Nordufer stehen und feuern.

„Sie sind 'rübergekommen!" rief er laut. Doch niemand hörte jetzt auf ihn, denn nun traten die Umrisse des gegenüberliegenden Ufers scharf heraus. Jetzt kam es darauf an.

Waren sie gesehen worden, dann würden in den nächsten Sekunden die MG-Salven der Deutschen zu ihnen herüberzischen und sie zusammenschlagen.

Das Wasser ging ihnen hier an der Furt bis zu den Hüften. Wenn es zum Laufen kam, würden sie verdammt lange brauchen, bis sie das Ufer erreichten. So lange, daß sie alle einzeln abgeschossen werden konnten. Wenn — wenn ...

„Zeit genug für die Jerries, uns einzeln abzuschießen", erriet Budd Snoft die Gedanken seines Nebenmannes.

„Ach was! Die Jerries haben doch Tomaten auf den Augen. Sie werden uns nicht sehen."

Erwartet, befürchtet, aber doch von erschreckeder nervenzersägender Plötzlichkeit, begannen weiter unterhalb ein paar MG zu feuern. Vom Wasser her antworteten Schnellfeuergewehre. Ein Scheinwerfer blitzte am Nordufer auf und glitt suchend über den Fluß. Bei den Gruppen der durch die Furt gehenden Fallschirmjäger blieb er hängen. Und dann begann das Nordufer tobsüchtig zu werden.

„Los, 'rüber!" schrie zehn Meter vor ihnen Hauptmann Willis, der Kompaniechef, und raste die wenigen Meter bis zum Ufer vor.

Nun begann auch hier das Feuer. Eine MG-Salve zischte unmittelbar über ihre Köpfe hinweg. Dann fielen vier, fünf MG in das Feuer ein, und von allen Seiten stießen goldglänzende Lichtpfeile auf die Roten Teufel zu.

Mit beiden Armen rudernd, versuchte Budd Snoft nach vorn zu kommen. Er stieß gegen seinen Vordermann, versuchte zur Seite auszuweichen und wurde von den Geschossen eines von links kommenden Feuerstoßes ins Wasser geworfen. Billy versuchte noch, nach dem Kameraden zu greifen; doch es war schon zu spät.

Mit weiten Sätzen warf sich Billy nach vorn. Eine MG-Salve zischte ihm entgegen. Mit weitem Hechtsprung landete er im Wasser. Er tauchte unter und schwamm dem Ufer entgegen; stieß auf Grund, tauchte wieder auf und raste die wenigen Schritte nach vorn, die ihn noch vom Ufer trennten. Dann landete er keuchend neben Hauptmann Willis und einigen Kameraden, die das Feuer auf die beiden Feind-MG in der Nähe eröffnet hatten, um es zu einem Zielwechsel zu veranlassen und den Kameraden, die noch im Fluß waren, eine Chance zu geben.

Hauptmann Willis griff zum Sprechgerät, das er sich selber umgehängt hatte, und hielt es vor die Lippen, als er sah, daß die ersten Männer seiner Kompanie das Ufer erreicht und den Feuerschutz für die nachfolgenden Kameraden übernommen hatten.

„Hallo, hier erste Kompanie. Erbitten Feuerschutz. Direkt voraus am Nordufer, Punkt Mary, sind zwei MG-Nester."

„Okay, Willis. Wird gemacht! Steckt eure Rüssel 'runter."

Sie waren kaum in volle Deckung gegangen, als zwei bis fast zum Ufer hinuntergezogene Örlikon-Schnellfeuerkanonen zu schmettern begannen. In einer unerhört rasenden Schußfolge glitten die Zwozentimetergeschosse wie zwei unendliche Ketten von Glühwürmchen zu den beiden feuernden MG hinüber und brachten sie innerhalb von zwei Minuten zum Schweigen.

Von der Brücke her schmetterte das Getöse des Kampfes in unvorstellbarer Heftigkeit zu ihnen herüber. Es war Billy Nexton, als tobe dort ein fürchterliches Gewitter. Im Schein der brennenden Panzer erkannte er die Kameraden des B-Bataillons, die durch den eben einsetzenden deutschen Gegenangriff schon wieder auf die Brücke zurückgedrängt worden waren. Er sah auf der Brücke und am Nordufer die brennenden Panzer der 23. Brigade stehen und das Kampffeld mit gespenstisch flackerndem Licht überstrahlen.

Noch immer feuerten die MG weiter links von ihnen. Noch immer waren Kameraden im Fluß und kämpften darum, das Ufer lebendig zu erreichen. Alles ging schnell, gespenstisch schnell und unwirklich.

„Los, zur Brücke! Entsatz der Kameraden des B-Bataillons!"

Sie folgten Hauptmann Willis und rasten im Schatten der Büsche und Sträucher und Felsen am Fluß entlang auf die Brücke zu.

Feldwebel King erreichte das Nordende

gleichzeitig mit Hauptmann Willis. Er sah ein paar Gestalten aufspringen. Feuer schlug ihnen entgegen, und als er sein Schnellfeuergewehr auf den nächsten Gegner abfeuern wollte, erkannte er im Schein der flackernden Flammen einen der Ihren an dem flachen Stahlhelm.

„Hierher, Jungs, hierher!" brüllte er durch das Getöse.

Die Männer rasten ihnen entgegen und vereinigten sich mit ihnen. Es waren Abgesprengte des B-Bataillons.

Einer der durchgekommenen und dicht an ihnen vorbeirollenden Panzer blieb jäh stehen und feuerte einen Schuß nach vorn, wo das Aufzucken des Mündungsfeuers den Gegner verriet. Diesem Schuß aus der Panzerkanone antwortete drei Sekunden später eine Granate aus einer deutschen Achtacht. Die Granate schmetterte zwischen Turm und Unterwagen in den Panzer hinein.

Sich zu Boden werfend, sah Feldwebel King im flackernden Licht der Brände und dem Blitzlicht der über der Front stehenden Leuchtkugeln und Leuchtfallschirme, wie das Luk des Panzers zurückgeschlagen wurde.

Im gleichen Augenblick aber, als sich der Panzerkommandant als erster hinausschwang und vom Panzer zur Erde hinunterspringen wollte, in dem Augenblick, als schon der Kopf des zweiten Panzermannes im Luk auftauchte, krachte der zweite Treffer gegen den Turm, und in einer großen Stichflamme ging alles andere unter.

Sekunden später roch Feldwebel King den Gestank verbrannten Fleisches, der den Dunst des brennenden Benzins überlagerte. Würgend übergab er sich.

„King, hier 'rüber!"

Der Ruf von Hauptmann Willis ließ ihn sich aufraffen. Er raste zu dem Felsen hinüber, von dem aus dieser Ruf erklungen war. Hinter sich hörte er das Trappeln vieler Füße, die hektischen Schläge der MG und die dumpferen, volleren der Panzerkanonen. Dazwischen rumpelten die Treffer-Detonationen und die harten, berstenden Schläge der einhauenden Werfergeschosse.

Ausgepumpt ließ er sich hinter dem Felsen in Deckung fallen. Nach Luft schnappend, landeten Nexton und Courtney neben ihm.

„Wir haben es geschafft! Wir sind auf dem Nordufer, Chef!"

„Dritte Kompanie vom Chef: 'rüberkommen!"

Hauptmann Willis' Stimme klang heiser vor Erregung, als er diesen Befehl durchgab. Der Kommandeur des B-Bataillons tauchte auf. Zwei Sekunden später kam auch Oberstleutnant Pearson.

„Wenn jetzt noch die übrigen Panzer nachsetzen, drücken wir die Jerries 'raus und haben gewonnen."

„Los, Willis, geben Sie 'rüber, daß das Gros der Panzerbrigade nachstoßen soll, sonst drükken die Jerries unseren Brückenkopf wieder ein."

Hauptmann Willis rief über Sprechfunk das Gros, und eine Minute später schwoll das Dröhnen der Panzermotoren zu einem urweltartig lauten Brüllen an. Die Panzerspitzen schoben sich auf die Brücke und rollten nach Norden vor.

Noch feuerte keines der deutschen Pakgeschütze, und auch die Achtacht-Flakgeschütze schwiegen. Es schien den atemlos auf die heranrollenden britischen Verstärkungen starrenden Fallschirmjägern, als exerzierten die Deutschen ihnen jetzt den „Toten Mann" vor. Doch Sekunden später begannen Flak und Pak gemeinsam und fast gleichzeitig zu feuern.

Billy Nexton sah, wie die Panzer einer nach dem anderen in Flammen aufgingen. Die vordersten Panzer, die die Brücke bereits passiert hatten, verharrten unter dem mächtigen Feuerschlag. Dann drehten sie und rollten wieder über die Brücke zurück in ihre Bereitstellungen hinein.

Und in diesem Augenblick brach es aus der Nacht heraus. In dichten Wellen rollte der Gegenangriff der deutschen Fallschirmjäger. Der Brückenkopf der Engländer, der sich schon besorgniserregend ausgebeult hatte, wurde bis auf ungefähr dreihundert Meter nördlich der Brücke zusammengedrückt.

Die Panzer, die noch bewegungsfähig waren, zogen sich über die Brücke zurück, verfolgt vom Flak- und Pakfeuer, dem noch drei Panzer zum Opfer fielen. Brennend standen sie vor der Brücke, und ihre Rauchwolken stiegen steil empor.

Der Angriff der Engländer, der durch die Roten Teufel vorangetragen wurde, hatte sein Ziel erreicht. Sie hatten nördlich der Primasole-Brücke einen Brückenkopf errichtet. Doch dieser Brückenkopf war zu klein, als daß eine größere Sturmgruppe aus ihn heraus zum Sturm auf Catania hätte antreten können.

Die 23. Panzerbrigade hatte es nicht vermocht, ihren Angriff durchzuziehen. Sie war im massierten Abwehrfeuer der geschickt gestaffelten deutschen Pak- und Flakgeschütze liegengeblieben und hatte schwere Verluste erlitten.

Als das Gros der 50. britischen I. D. dennoch versuchte, über die Brücke hinweg nach Norden zum Angriff anzutreten und den Brückenkopf noch weiter auszudehnen, setzte das deutsche Artilleriefeuer ein.

Von diesem Zeitpunkt an lag die Primasole-Brücke ununterbrochen unter dem Feuer der deutschen Verteidiger. Der britische Durchbruchsversuch blieb in der Frühe des 16. Juli liegen. Die Grünen Teufel hatten es trotz zahlenmäßiger Unterlegenheit doch noch geschafft.

Was aber würde folgen? Noch war der Zweikampf um die Brücke nicht entschieden. Noch kämpften hier die Grünen Teufel gegen die Roten Teufel um ihren Besitz. Noch hielten die deutschen Fallschirmjäger dem gewaltigen

Druck des drängenden Gegners stand. Aber wie lange noch?

Was würde die kommende Nacht ihnen allen bringen? Was würde geschehen, wenn der Gegner abermals mit allen Kräften angriff?

## XVI.

„Reich mir mal ein Stäbchen 'rüber, Theo!"

Unteroffizier Paul Groß war zu seinem Kameraden hinübergekrochen und rekelte sich neben ihm im Kampfstand zurecht.

„Zur Beruhigung, Alter?"

„Die hätten wir nötig, Theo."

Immer noch feuerte der Gegner pausenlos auf die deutschen Stellungen. Die Granaten heulten herüber und rissen den Boden auf. Stahl sirrte durch die Luft, und die Männer duckten sich in ihren Löchern zusammen, um nicht in diesem Wirbel der Vernichtung unterzugehen, der ständig über ihnen getrommelt wurde.

„Die greifen bald wieder an."

„Haben es anscheinend verdammt eilig, nach Catania zu kommen", knurrte Bröckelmann, der als Ersatz für Viktor Literski zur Besatzung des ersten MG gekommen war.

„Auf jeden Fall wissen die Tommys genau, wie so was gemacht wird. Die hauen 'rein, daß es nur so rauscht."

Wieder kam eine Lage Granaten zu ihnen herübergeorgelt. Die Detonationen vor ihrem Kampfstand zwangen sie in Deckung. Unmittelbar vor Theo schlug ein handtellergroßer Stahlsplitter in die Deckung. Er glühte dunkelrot und verblaßte schnell.

Dieses Stück Eisen hätte genügt. Wenn es getroffen hätte? — — — Kein Wiedersehen mit Inge. Nie wieder die samtene Haut unter dem Streicheln der Hände. Nie wieder ihre Lippen; rot, weich, von Küssen träumend, auf den seinen. Aus. Einfach aus, wie man eine Kerze ausbläst. Wenn man darüber nachdachte, konnte man verrückt werden. Ohnmächtige Verzweiflung fiel ihn von einer Sekunde zur anderen an. Inge nicht wiedersehen, hieße sich selbst aufgeben und alles andere. Er lebte doch nur davon, daß er daran dachte, wie es hinterher sein würde. Allein diese Hoffnung hielt ihn mit eisernen Klammern zusammen. Dieses Wollen, dermaleinst mit ihr neu anzufangen und sich aus Trümmern eine eigene Welt aufzubauen, die nicht dem Zerstören und Töten, sondern dem Aufbauen und Leben galt.

Wenn er nur erst den Heiratsurlaub hätte! Vielleicht, daß es soweit war, wenn er hier 'rauskam? Aber jetzt war nicht daran zu denken. Hier wurde jeder Mann gebraucht.

„He, Theo, pennst du?"

Schuldbewußt fuhr der Stabsgefreite herum.

„Was ist denn nu' schon wieder?"

„Ich fragte, ob du die Spritze in Ordnung hast."

„Wenn Bröckelmann genügend Muni gegurtet hat, ist alles bestens, und wir können gleich anfangen."

„Sie kommen auch schon wieder!"

Am Nordende der Brücke, ein paar hundert Meter weiter vorgeschoben, wo der britische Brückenkopf zu Ende ging, stiegen zwei rote Leuchtkugeln in den Nachthimmel empor. Sie zerplatzten am höchsten Punkt ihrer Flugbahn und streuten ein Heer von Sternen in die Nacht.

Das Rasseln der Panzerketten war plötzlich ganz deutlich zu hören, als das Feuer weiter zurückverlegte und die Einschläge weiter hinten in den Fels hieben.

„Jetzt wird's ernst, Kinder!"

Im Lichterschein der Flakgeschosse, die über den Fluß flitzten und am Ende ihrer Flugbahn auseinanderplatzten, erkannte Unteroffizier Groß die Panzer. Dahinter sah er Infanterie.

An der Brücke begann das hektische „Ratatata" der MG und das Bellen der Leichten Flak. Feuerfäden woben sich zu einem unentwirrbaren Muster der Vernichtung ineinander. Männer stürzten, Panzer blieben rauchend liegen. Dann waren die ersten Feindpanzer über die Brücke nachgezogen.

Selbstfahrlafetten folgten. Zgkws mit angehängter Pak und Mannschafts-Transportwagen. Einige wurden von der Flak aufgefaßt und abgeschossen. Aber immer mehr erreichten ihr Ziel. Immer mehr Schwere Waffen gelangten über die Brücke und flossen in den Brückenkopf ein, der von den britischen Sturmbrigaden Schritt für Schritt ausgeweitet wurde.

„Achtung, MG-Bataillon geht zum Entsatz der angegriffenen Artillerieabteilung in Richtung auf die Höhe 81 vor."

Oberfeldwebel Wegleitner war aus der Nacht aufgetaucht. Etwas weiter rechts sah Theo den zweiten und dritten Zug der Kompanie, die beide in geschlossenem Sprung hochschnellten, um gleich ihnen nach vorn zu stürmen und die Feindeinbrüche wieder auszubügeln.

„MG-Zug — folgen!"

Sie schnellten hoch. Theo hielt das MG mit beiden Fäusten umkrallt und führte es an der rechten Hüfte. Er raste hinter der breiten Gestalt des Oberfeldwebels her. Neben sich hörte er den keuchenden Atem von Poppek. Etwas weiter rechts, drei Meter voraus, erkannte er Unteroffizier Gross und die anderen. Bröckelmann war auf seiner anderen Seite, er ging dieses Tempo mühelos mit.

Als es heulend auf sie niederging, warf sich Theo zu Boden und preßte sich an den Felsen, hinter dem er Deckung gefunden hatte. Mit ohrenbetäubendem Krachen detonierte die 15-cm-Granate vor ihm. Der Detonationsdruck preßte auf sein Trommelfell, daß es zu platzen drohte. Der Druck preßte ihn gegen den Felsen. Dann war die Gefahr vorüber.

Erneut schnellten sie sich hoch und rasten weiter. Am Aufblitzen des Mündungsfeuers erkannte er die ersten der 10-cm-Leichtgeschütze, der Fallschirmjäger-Artillerie-Abteilung, die auf den Nordausgang der Brücke feuerten, aus dem der Strom der übersetzenden Angreifer in dichten Trauben herausquoll und vom Licht der Leuchtfallschirme kreidig-grell beleuchtet wurde. Für den Bruchteil einer Sekunde erkannte Theo, wie eine der Granaten in eine Feindgruppe hineinschlug und sie auseinanderfegte. Dann zuckten die Leuchtschnüre zweier Schnellfeuerkanonen zu ihm herüber und zwangen ihn und die Kameraden in Deckung.

Mit wüstem Getöse krachten die kleinkalibrigen Granaten gegen die Schutzschilde der Geschütze und heulten als Querschläger zur Seite. Beim nächsten Schuß aus der 10-cm-Kanone, einer Sonderkonstruktion für die Fallschirmtruppe, verstummte eine der Schnellfeuerkanonen.

Theo sah einen roten Flammenpilz, der genau dort in die Höhe stieg, wo das Schnellfeuergeschütz gestanden hatte.

„Weiter! Nach rechts 'rüber, zu den 7,5-cm-Geschützen. Dort greift der Gegner an!"

Erneut rafften sie sich zusammen auf. Das Feuer steigerte sich zu einem erdrückenden Crescendo, je näher sie dem Zentrum des Kampfes kamen. Sie rasten mit keuchenden Lungen weiter. Sie gingen in Deckung, sprangen wieder auf, wenn Paul Gross sie rief, und liefen, liefen, liefen.

Aus der Stellung der Fallschirm-Panzerjäger-Abteilung, die sich in einem trockenen Bachlauf eingerichtet hatte, kamen die Pakgeschosse herausgeflitzt und hämmerten auf den Stahl der britischen Panzer, die das Feuer aus ihren Kanonen erwiderten.

Sechs, sieben Panzer standen brennend auf der Brücke und im Brückenkopf. Doch es kamen immer mehr nachgerollt. Und immer wieder gelang es der Infanterie des Gegners, unmittelbar neben der Brücke rechts und links durch den Fluß zu kommen und in den Brückenkopf einzusickern, denn dort standen keine Verteidiger mehr, dort standen die Engländer, die die Flanken ihres Brückenkopfes ebenfalls Meter um Meter nach Westen und Osten vorgeschoben hatten.

Die Männer aber, die über die Brücke selbst wollten, waren dem Tode geweiht. Immer wieder detonierten die deutschen Granaten mitten auf der Brücke. Selbstfahrlafetten wurden vernichtet. Die Besatzungen fielen im Feuer.

Andere kamen an ihre Stelle. Die britischen Fallschirmjäger zeigten hier, daß sie von dem gleichen Bewußtsein der Pflichterfüllung beseelt waren wie die deutschen Fallschirmjäger. Auch sie gingen für ein Ideal in den Tod. Auch sie kämpften für die Freiheit des Vaterlandes, wie es die deutschen Fallschirmjäger ebenfalls zu tun glaubten.

„Aufpassen! Die Feindpanzer rollen genau auf uns zu!“

Einer der britischen Panzer drehte plötzlich ein und rollte ihnen entgegen. Theo Reuyter sah, wie sich der Turm des Kolosses drehte, wie das Rohr herumschwenkte und einen orangenen Feuerstrahl ausspie. Die Granate heulte zu dem ersten 7,5-cm-Geschütz herüber und schlug sechs Meter seitlich davon ein. Eine Sekunde später krachte der Abschuß eines Flakgeschützes, und der eben wieder anrollende Panzer blieb ruckartig stehen. Das Luk öffnete sich, und die Besatzung versuchte auszubüchsen. Ein MG begann zu tacken, und die aussteigenden Panzermänner stürzten von ihrem Stahlgiganten herunter.

Der nächste Treffer riß den Turm aus dem Drehkranz. Dann schwenkte das Flakgeschütz ein und nahm den nächsten Panzer aufs Korn.

Leuchtkugeln hingen immer wieder über der Brücke, die für viele Männer schon zu einer Stätte des Todes geworden war. Sie überschütteten diese Stätte des Grauens mit fahl gleißender Helle. Am Rande des Brückenkopfes war der Nahkampf entbrannt. Faustfeuerwaffen und Handgranaten krachten.

Vor der Gruppe Groß tauchten — wie aus dem Boden gewachsen — die ersten Engländer auf, die sich in Richtung auf die Pak vorarbeiteten, um sie außer Gefecht zu setzen. Theos um den Abzug liegender Zeigefinger krümmte sich durch. Der Feuerstoß zischte hinaus. Ein paar Männer der Feindgruppe stürzten im Feuer. Die anderen gingen in Deckung. Flammen spritzten der MG-Gruppe entgegen. Dann fiel etwas mit dumpfem Schlag neben Theo zu

Boden. Instinktiv griff Poppek danach und schleuderte die englische Handgranate zurück, die noch in der Luft detonierte.

„Gruppe macht einen geschlossenen Sprung — — — auf maaarsch!"

Sie schnellten hoch. Als Theo es keine sechzig Meter vor sich aufblitzen sah, zog er im Laufen den Abzug durch. Das MG bockte in seinen Fäusten wie ein lebendes Tier. Der Feuerstoß warf den Gegner zurück. Dann hatten sie ihn erreicht.

Unteroffizier Gross sah unmittelbar vor sich den hellen Flecken eines Gesichtes. Ein Feuerstoß ließ den Gegner verschwinden. Flammen schlugen ihm entgegen. Er sprang mit einem Satz nach vorn und landete in einem Granattrichter. Seine Hand fuhr in ein Gesicht. Er spürte heftigen Atem.

„Hell and devil, Will!" hörte er eine Stimme. Blindlings schlug er zu. Der Lauf seiner MPi traf den Gegner im Gesicht. Dann tauchten drei Engländer neben ihm auf. Er hörte ihren Atem und riß den Abzug durch. Der Feuerstoß ratterte hinaus, und gleichzeitig damit feuerte auch der Gegner.

Ein wahnsinniger, stechender Schmerz durchzuckte Paul. Seine Hände erschlafften, schwer stürzte er nieder. Es war ihm, als würde seine Brust mit glühenden Nadeln durchbohrt.

„What's, the matter?" hörte er wie durch dicke Watte eine Stimme. Dann vernahm er den anderen:

„A German. Ich habe ihn!"

Pauls Hände zuckten fahrig umher. Plötzlich ertasteten sie etwas: Es war der Lauf seiner MPi. Er zog sie zu sich heran. Er dachte plötzlich an nichts anderes mehr, als daß er die MPi haben mußte, um die Kameraden zu warnen. Wenn seine Gruppe ihm in diesen Trichter folgte, war sie erledigt.

Mit unsäglicher Anstrengung hob er die MPi und feuerte. Die beiden Engländer, die sich ihm näherten, sackten stöhnend zusammen und fielen auf den Grund des Trichters. Einer von ihnen rollte genau neben Paul.

„Help. — — — Water!" hörte Paul ihn stöhnen. Er drehte sich auf die Seite. Die glühenden Nadeln kamen wieder. Mit zitternden Händen hakte er seine Feldflasche los und setzte sie dem verwundeten Gegner an die Lippen. Jetzt — angesichts des Todes — waren sie keine Gegner mehr.

Theo hörte zehn Meter vor sich aus dem Trichter das Geschnatter der MPi und warf sich zu Boden. Fast gleichzeitig bellte ein Schnellfeuergewehr vom oberen Trichterrand, und die Geschosse zischten über ihn hinweg in die Nacht. Er brachte sein MG nach vorn; doch noch ehe er feuern konnte, blitzte es halbrechts von ihm auf, und der Gegner, dessen Mündungsfeuer wieder durch die Nacht stach, stieß einen gellenden Todesschrei aus.

„Aufpassen, Theo!"

Poppek war 'rangekrochen, und gemeinsam arbeiteten sie sich kriechend zum Trichter vor, während Bröckelmann sicherte. Doch kein Gegner tauchte mehr auf.

Knallend platzte über ihnen eines der Spezial-Flakgeschosse auseinander, und der Leuchtfallschirm glitt tiefer und riß die Dinge und Menschen in der Nähe aus der Verborgenheit der Nacht heraus. In den Trichter hinunterspähend, erkannte Theo die Verwundeten; sah er auch Paul.

„Hierher!" schrie er den Kameraden zu und glitt in den Trichter hinunter.

„Was ist, Paul? Hast du Schmerzen?" fragte er töricht und tastete schon nach den Wunden des Kameraden.

„Halb so schlimm, Theo."

Sie verbanden den Kameraden und auch die verwundeten Engländer, dann berieten sie in kurzen Sätzen, was zu tun war. Einer mußte bei Paul zurückbleiben, während ein anderer — ein Leichtverwundeter des Zuges, den sie aufgabelten — die Sanis verständigte. Dann liefen sie weiter.

Mit einem weiten Sprung warf sich Theo vor einem Einschlag in den nächsten Graben. Poppek und Bröckelmann folgten ihm auf dem Fuße. Als die Detonation verhallt war, sprangen sie wieder auf und hasteten weiter. Nach fünf Schritten rutschte Theo aus und stürzte zu Boden. Dadurch entging er dem ratternden Feuerstoß eines MG.

Die 7,5-cm-Geschütze standen jetzt links von ihnen. Oberfeldwebel Wegleitner tauchte aus dieser Richtung auf und winkte sie ein.

„Hier 'rüber! Los, folgen!"

Neben Theo sprang Koddebusch mit dem zweiten MG in die Höhe. Die anderen Kameraden der Gruppe und des Zuges folgten, und gemeinsam erreichten sie das Zentrum des Schreckens, das dort war, wo die Pakgeschütze feuerten. Engländer tauchten vor ihnen auf.

„Mindestens 50 Mann!" schrie Poppek durch das Getöse. Sie gingen sofort in Deckung, um ihre Anwesenheit nicht vorzeitig zu verraten.

„Die wollen die Batterie angehen", hörte Theo Oberfeldwebel Wegleitner brüllen.

Als die Feindgruppe wieder in einem geschlossenen Sprung auftauchte, feuerten Theo und Koddebusch gleichzeitig, und mit ihnen feuerten die anderen MG des Zuges. Der Gegner ging erneut in Deckung. Handgranaten flogen zu den MG-Stellungen herüber und detonierten unmittelbar vor ihnen.

Schon glaubten sie, den Gegner zum Rückzug gezwungen zu haben, als er plötzlich — diesmal weit auseinandergezogen — abermals aufsprang und vorschnellte. Die ersten Engländer erreichten die Geschützstellung, aber das Gros blieb im Feuer der MG liegen.

Das Handgemenge begann. Pistolen knallten. Handgranaten platzten auseinander, und

MG feuerten in hektischen Schlägen dazwischen.

Als der MG-Zug bei der Batterie ankam, war bereits alles entschieden. Die letzten Engländer gaben den nun aussichtslos gewordenen Kampf auf. Sie wurden unter Bedeckung nach hinten geführt. Für sie war der Krieg zu Ende.

Das Eingreifen des MG-Zuges hatte die Batterie wahrscheinlich vor der Vernichtung bewahrt. Ihr Feuer hatte die Gruppe des Gegners zusammenschmelzen lassen. Sie waren eben rechtzeitig gekommen, um die Batterie zu entsetzen.

„Die Tommys haben ihren Brückenkopf auf zwei Kilometer Tiefe erweitert. Wir werden damit rechnen müssen, daß sie bald wieder antreten werden, um einen Durchbruch zu erzwingen."

Oberfeldwebel Wegleitner war von der Besprechung im Bataillonsgefechtsstand zum Zug zurückgekommen.

„Wie geht es Unteroffizier Gross, Herr Oberfeld?"

„Hat noch mal Schwein gehabt, Reuyter. Brustschuß und Armschuß. Ist nicht mehr in Lebensgefahr. Gut, daß Sie ihn so schnell gefunden haben. Liegt jetzt wohl schon im Lazarett in Catania."

Es war 3.10 Uhr. Der am Abend des 16. Juli nach einem schweren Feuerüberfall gestartete britische Angriff hatte einen Teilerfolg erzielt. Es war den Engländern gelungen, das erste Bataillon der Durham-Brigade, das den ersten Brückenkopf gebildet hatte, zu verstärken.

Dem zweiten und dritten Bataillon der Brigade war es gelungen, das Nordufer zu erreichen und den Brückenkopf sowohl nach links und rechts, als auch in die Tiefe auszuweiten.

Der Durchbruchsversuch einer britischen Panzerabteilung jedoch wurde vereitelt. Die Kampfgruppe Walther war elastisch bis zu einem trockenen Bachbett zurückgegangen, das ihnen ideale Verteidigungsmöglichkeiten bot. Sie hielt dem Druck des Gegners stand und schlug den Panzerangriff zurück.

„Wie ist es mit einem Gegenangriff, Herr Oberfeld?"

„Wie ich Oberstleutnant Walther kenne, wird der nicht lange auf sich warten lassen."

„Hoffentlich kommen uns die Tommys nicht zuvor. Die sind wirklich nicht von schlechten Eltern."

„Da haben Sie recht, Reuyter. Die dort drüben von der anderen Feldpostnummer sind verdammt auf Draht. Wo die 1. britische Fallschirmjäger-Brigade steht, dort brennt es."

„Aber wenn wir sie ..." Weiter kam Theo nicht mehr, denn von Westen her ratterte hektisches MG-Feuer durch die bereits in den Morgen übergehende Nacht.

„Das ist im Abschnitt der Dritten!"

„Mensch, wenn die Tommys dort über den Fluß kommen, dann nehmen sie uns hier in die Zange."

„Oberfeldwebel Wegleitner! — — — Oberfeldwebel Wegleitner!"

Der Ruf des Melders elektrisierte den Zugführer. Er sprang auf und lief dem Melder entgegen.

„Was ist los?"

„Feindeinbruch! Die englischen Fallschirmjäger sind bei der Höhe 103 über den Fluß gegangen. Die dritte Kompanie steht in verzweifeltem Abwehrkampf. Der Gegner zieht Verstärkungen über den Fluß nach. Befehl vom Kompaniechef: ‚Erster Zug zum Fluß durchstoßen, zum britischen Brückenkopf hin abriegeln und dann auf die Höhe 103 vorstoßen.'"

Der Melder verschwand zum zwoten Zug. Oberfeldwebel Wegleitner drehte sich zu seinen Männern um.

„Erster Zug, fertigmachen. Waffen aufnehmen und folgen!"

„So ein verdammter Mist!" fluchte Theo.

Die Schulter schmerzte unter dem Gewicht des MG. Theo fühlte sich wie zerschlagen. Schon drei Tage und Nächte hatten sie nie mehr als stundenweise Schlaf gefunden. Nahm das denn überhaupt kein Ende mehr?

„Keinen Lärm! Äußerste Vorsicht!"

Diese Warnung wurde von Mann zu Mann weitergegeben. Sich scharf an der Westflanke des feindlichen Brückenkopfes entlang vortastend, stießen sie ans Flußufer hinunter.

Als es einmal links von ihnen aufblitzte und eine MG-Salve zu ihnen herüberzischte, wichen sie ein paar Meter weiter nach rechts aus und gingen in Deckung, ohne dieses Feuer zu erwidern. Sie hatten Glück. Das Feindfeuer verstummte. Ein paar Leuchtkugeln, die in die Höhe stiegen und genau über ihnen auseinanplatzten und Helle über das Gelände streuten, ließ sie zur Bewegungslosigkeit erstarren. Als das Licht erlosch, stießen sie weiter vor.

Sie gingen tiefgeduckt. Theo hielt sein MG schußbereit an der Hüfte, denn sie waren dem MG-Feuer, in das sich das Ploppen der Werfergeschosse und die trockenen Schläge der Handgranaten-Detonationen mischte, schon sehr nahe gekommen. Dann hatten sie den Fluß erreicht und blieben verschnaufend liegen.

„Mensch, das ist ja ein ganzes Regiment!"

„Noch nicht feuern! Los, jetzt, schneller, vorwärts!"

Sie hasteten — immer im Schatten des Ufergebüsches bleibend — am Flußufer entlang weiter und erreichten ein trockenes Bachbett, das sich vom Fluß aus landeinwärts schlängelte und an der Höhe 103 entlangführte.

Gerade, als sie eindrehen wollten, kam wieder ein Melder.

„Erste Kompanie verhindert Durchbruchs- und Übersetzversuch des Gegners. Zwote stößt allein auf die Höhe 103 vor."

Eine Minute später trafen sie auf die englischen Vorhuten, die sich am Flußufer entlang vorarbeiteten, um mit ihren Kameraden im Brückenkopf Fühlung aufzunehmen. Der Zweikampf begann auch an dieser Stelle.

„Feuer frei!" befahl Oberfeldwebel Wegleitner. Ratternd fielen alle MG des Zuges in das Feuer ein. Der Gegner, der sich noch im Fluß befand, geriet ins Stocken. Während ein Teil nach vorn strebte, versuchten die am Schluß gehenden Engländer, wieder an das noch nicht sehr weit zurückliegende Südufer zu gelangen. Die MG-Salven mähten die im Wasser schwer beweglichen Gegner nieder. Dann war der Fluß leer.

„Vorsicht, rechts!"

Kurz nach dieser Warnung, die von Oberfeldwebel Wegleitner durchgegeben wurde, begann beim zweiten Zug, der weiter landeinwärts stand, das Feuer. Handgranaten krachten auseinander. Schreie gellten durch die Nacht. Befehle wurden in englischer Sprache gebrüllt. Männer schrien, fluchten, fielen.

Theo hielt mitten in den Feuerstrahl hinein, der ihnen entgegenzischte. Neben ihm waren die Kameraden in Deckung gegangen. Ihre MG feuerten, was aus den Läufen herausgehen wollte.

Als ein Hülsenklemmer festsaß, stieß Theo einen wilden Fluch aus. Verbissen arbeitete er daran, das MG wieder klar zu bekommen. Er verbrannte sich die Hände und fluchte laut und hemmungslos. Dann hatte er es geschafft. Wieder ratterte sein MG in kurzen Feuerstößen und schickte die Flammenfäden in die Nacht hinaus.

„Vorziehen, Wegleitner! Los, vorziehen und den Gegner wieder in den Fluß zurückwerfen!"

Hauptmann Laun war beim ersten Zug aufgetaucht. Während sich der erste Zug in die Flanke des Gegners hineinbohrte, stieß der zwote Zug von Nordosten aus vor, und der dritte schloß sich direkt nach Norden an. Von drei Seiten feuerten die Maschinenwaffen auf den Gegner, der versuchte, zur Höhe 103 durchzustoßen und ihre im Kampf stehenden Kameraden zu entsetzen, die gegen die dritte Kompanie des Fallschirm-MG-Bataillons auf verlorenem Posten standen.

„Zu dem Felsen dort hinüber!"

Als Theo aufsprang, folgte ihm die Gruppe, die er nach der Verwundung von Unteroffizier Gross übernommen hatte. Sie erreichten den Felsen und schoben sich in seiner Deckung weiter zur Seite. Ein dichtes Haselgestrüpp bot ihnen auch zum Fluß hinunter volle Deckung vor Feindeinsicht während der Sekunden, in denen Himmel und Erde vom Feuer der Abschüsse und den Sternen der Leuchtraketen erhellt waren.

Auf Händen und Füßen arbeiteten sich die Männer vor. Dann sahen sie den Gegner. Sie erkannten ihn deutlich am Mündungsfeuer der MG und der Schnellfeuerkanonen.

„Gleichzeitig werfen!"

Oberfeldwebel Wegleitner nahm zwei Handgranaten aus dem umgehängten Beutel. Mit ihm warfen die Männer des Zuges, die nicht zu den MG-Bedienungen zählten, gleichzeitig.

Die Handgranaten landeten genau in den Deckungslöchern der Engländer. Als sie detonierten, sprangen sie auf und rasten zum Gegner hinüber. Kein Schuß peitschte ihnen mehr entgegen. Außer Atem kamen sie in der Mulde an und warfen sich hinein. Als Theo auf den zunächst liegenden Gegner feuerte, wurde dieser erst auf diese Gruppe aufmerksam. Das Duell der MG-Schützen begann aufs neue.

Theo sah die Flammenspur der tödlichen Geschosse genau auf sich zukommen. Er riß das MG zur Seite und feuerte einen Feuerstoß hinaus. Als die Flammenschnur des Gegners auf ihn einschwenkte, warf er sich in volle Deckung. Mit häßlichem Geschmetter und im Gejaule der Querschläger wurde sein MG auf ihn geworfen. Der Fuß traf ihn am Hals, und dieser Schlag benahm ihm den Atem. Krampfhaft schnappte er nach Luft.

„Ist was passiert, Theo?"

„Alles in Ordnung. Nur die Spritze ist im Eimer!"

Theo griff eine der in der Mulde liegenden Maschinenpistolen der Engländer und raffte auf, was er an Munition dafür finden konnte. Verbissen grinsend sah er sich zu Bröckelmann um.

„Kannst jetzt die Munitionskästen liegen

lassen, Alter. Nur gut, daß wir an den Feindwaffen ausgebildet sind, sonst wären wir jetzt aufgeschmissen."

Als Oberfeldwebel Wegleitner den Befehl zum Sprung gab, liefen sie hinter ihrem Zugführer her. Schüsse peitschten ihnen entgegen und zwangen sie schon nach zehn Metern wieder in Deckung. Als er über einen Felsbrocken spähte, sah Theo den Gegner, der eben zum Handgranatenwurf ausholte. Ein Feuerstoß ließ ihn zusammensinken.

Der zweite Zug hatte sich inzwischen auf Handgranatenwurfweite an den Gegner herangearbeitet. Für den Gegner, der zwischen den beiden Zügen eingekeilt war, gab es keine Chance mehr. Er gab den für ihn aussichtslos gewordenen Kampf auf. Ein paar Fallschirmjäger entwaffneten die Männer von der gleichen „Zunft" der Gegenseite, denen man auch diesmal wieder bescheinigen mußte, daß sie tapfer und fair gekämpft hatten. Sie wurden zur Gefangenen-Sammelstelle zurückgebracht.

Die Motorengeräusche eines Kübels ließen sie aus ihrer Ruhepause aufschrecken. Es war Hauptmann Laun, der im Kübel mitten durch das Feuer des Gegners angerast kam, um den Gegenstoß auf die Höhe 103 zu organisieren, der ihm übertragen worden war.

„Zugführer zu mir!" hörte Theo seine markante Stimme.

„Paß auf, Oskar, der Alte will uns auf die Höhe 'raufjagen."

„Vielleicht haben wir Schwein und bleiben am Fluß, damit die Tommys nicht noch einmal 'rüberkommen können."

„Du hast vielleicht einen sonnigen Humor, Koddebusch! Wenn es irgendwo brenzlig wird, sind wir es, die mitten in der Scheiße drinsitzen."

„Ich hab' vielleicht die Schnauze voll, Kinder! Die Zunge hängt einen meterweit zum Halse 'raus."

„Soll ich ein paar Flaschen Bier kaltstellen, Kurt?" fragte Poppek grinsend.

„Fertigmachen!"

Oberfeldwebel Wegleitner war von der Besprechung zurückgekommen.

„Was habe ich euch gesagt?" knurrte Kurt Koddebusch. Taumelig kamen die Männer auf die Füße. Theo nahm seine Beute-MPi auf und folgte dem Oberfeldwebel.

In drei auseinandergezogenen Schützenreihen gingen sie auf die Höhe zu. MG-Feuer brandete ihnen entgegen, als sie auf Schußweite herangekommen waren. Auf der Höhe stiegen weiße und rote Leuchtkugeln empor. Drei Sekunden später wiederholte sich der gleiche Vorgang noch einmal.

„Das hat was zu bedeuten, Jungs."

„Wahrscheinlich wollen Sie uns sagen, wo sie stecken, damit wir sie auch ja nicht verfehlen." Einer lachte, doch dieses Lachen ging in der Hölle unter, die urplötzlich über sie hereinbrach.

Pausenlos hämmerte die britische Artillerie aus allen verfügbaren Rohren auf die Höhe. Felsen und Erde und glühender Stahl sprangen in Hunderten himmelanstrebenden Kaskaden empor. Der Höhenrücken war wie ein Vulkan, der vollkommen aus den Fugen geraten war. Es tobte und grollte.

„Die haben ‚Feuer auf eigenen Standort' angefordert."

„Verdammte Burschen!"

Hochachtung klang aus den Worten Theos heraus, und die anderen, die darum wußten, wie es in einem Trommelfeuer aussah, wußten, was der Gegner damit für sich selber angefordert hatte.

Schrittweise arbeiteten sie sich unter der Feuerglocke der Artillerie hangaufwärts. Glühender Stahl fiel auf sie nieder. Dennoch gewannen sie Meter an Meter.

Zwanzig Minuten dauerte dieses Feuer. Dann schwenkten die Rohre wieder auf die deutschen Hauptstellungen ein. Vom Feuer der Verteidiger empfangen, stürmten die Fallschirmjäger konzentrisch die Höhe. Und sie schafften es. Eine Stunde später war der durch das Artilleriefeuer geschwächte Gegner niedergekämpft. Der Rest ergab sich, und der Melder, der zum Bataillons-Gefechtsstand geschickt wurde, nahm folgende Meldung mit:

„Feindlicher Übersetzversuch abgewiesen. Übergesetzte Feindgruppen aufgerieben und vernichtet. 116 Gefangene gemacht."

Den ganzen 17. Juli über versuchten die Engländer, ihren Brückenkopf weiter nach Norden und Nordwesten auszuweiten. Es gelang ihnen, immer mehr Panzer über die Brücke nachzuziehen, die trotz ihrer vielen Artillerietreffer noch immer passierbar war. Nachgezogene Pak wurde in den Brückenkopf eingebaut, um die deutschen Gegenstöße abzuwehren.

Die britischen Panzer rollten in dichten Rudeln schrittweise vor und feuerten auf die deutschen Widerstandsnester, bis sie von der Flak abgeschossen wurden.

Nach einem in der Gluthitze des Tages erbittert geführten stundenlangen Ringen um jeden Fußbreit Boden, wie es die sizilianische Erde noch nie vorher gesehen hatte, hatte das XIII. britische Korps bei Sonnenuntergang des 17. Juli den Brückenkopf auf 8600 Fuß Tiefe erweitert. Alles deutete darauf hin, daß die Engländer sich rüsteten, aus diesem — nun tief genug ausgebeulten — Brückenkopf auszubrechen und mit geballter Kraft auf Catania durchzustoßen.

Oberstleutnant Walther, der Kampfgruppen-Kommandant, ließ seine Kampfgruppe in einem trockenen Bachbett vier Kilometer nördlich der Primasole-Brücke in Stellung gehen. Diese Stellung wollte er verteidigen. Hier wollte er sich mit seinen Männern in den Boden krallen und den Gegner so lange halten, wie ihm befohlen wurde. Sie gaben sich noch immer nicht geschlagen. Sie wußten um die Wichtigkeit ihrer Stellung, und sie gaben nicht eher auf, bis sie keine Chance mehr hatten. Aber noch war es nicht soweit, noch rechneten sie sich welche aus.

Was nicht einmal die optimistischsten deutschen Stellen für möglich gehalten hätten, das war eingetreten. Die 5 Bataillone deutscher Fallschirmjäger hielten das gesamte XIII. Korps auf. Im Zweikampf mit den Roten Teufeln — der I. britischen Fallschirmschirmjäger-Brigade — hatten sie sich hervorragend geschlagen und dem Gegner keinen Fußbreit Boden kampflos übergeben.

Und solange die Kampfgruppe Walther hier nördlich des Simeto hielt, so lange konnten die im Westteil der Insel stehenden Kräfte noch hoffen, aus der Falle herauszukommen. Erst wenn dieser Kampfabschnitt fiel, klappte die Falle zu, saßen sie alle im Kessel und gingen in die Gefangenschaft.

## XVII.

Die Fallschirmjäger-Bataillone 1 und 3 des Fallschirmjäger-Regimentes 3, die im Raum Carlentini im Abwehrkampf gegen die 50. britische Division gestanden hatten, wurden ebenso wie das 2. Bataillon, das in Francofonte von den Highlanders angegriffen wurde, vom Gegner überrannt. Der weit überlegene Gegner drängte mit aller Kraft nach Lentini und weiter zum Simeto, um seine Aufgabe zu erfüllen und die abgesetzten Fallschirmjäger zu entsetzen. Dies gab dem Regiment 3 seine Chance zu entkommen.

Als Oberst Heilmann versuchte, an der Südflanke des Sumpfes bei Lentini nach Westen einzudrehen und sich dann nach Norden abzusetzen, rollten die britischen Truppen bereits über die Piste Lentini—Catania über den Ponte dei Malati, die durch Oberst Slater vor der Sprengung bewahrt worden war. Es war dies am Morgen des 15. Juli.

Das dritte Regiment der deutschen 1. Fallschirmjäger-Division ging in einem riesigen Apfelsinenhain in Deckung, weil es am Tage keine Chance hatte, unentdeckt durchkommen zu können und eine Entdeckung die Vernichtung durch den bedeutend stärkeren Gegner bedeutet hätte.

Ein feindlicher Stoßtrupp, der gegen Mittag

in dem Hain eintraf, entdeckte sie nicht, obgleich diese Männer nur wenige Meter an den gutgetarnten deutschen Fallschirmern vorübergingen.

Eine britische Stabskompanie kam ebenfalls an den Rand des Haines und begann, ihren Funkverkehr hier im Schatten abzuwickeln. Unablässig dröhnten die Motorengeräusche der Fahrzeuge der 50. britischen Division zu ihnen herüber.

Noch wußte Oberst Heilmann nichts von dem heldenmütigen Widerstand der Kampfgruppe Walther am Simeto. Alle Verbindungen waren abgerissen, und über Funk bekamen sie auch nichts herein, weil die Frequenzen aus unbekannten Gründen schwiegen. Dennoch war er zuversichtlich. Er hatte mit seinen Männern schon oft in ähnlichen Situationen gestanden, und er würde es auch diesmal wieder schaffen und seine Männer herauskarren. Er glaubte an seinen guten Stern.

In der Nacht zum 16. Juli ging das Regiment in einem tollkühnen Manöver unter dem Ponte dei Malati her nach Norden. Über den Männern rollten die Fahrzeuge des Gegners. Dennoch schafften sie es. Sie kamen durch und erreichten am Morgen des 16. Juli die Ebene von Catania und stießen am Abend bei Misterbianco auf die eigenen vorgeschobenen Linien. Nach drei Tagen, mitten in den Kolonnen des Gegners, hatten sie es geschafft.

Nördlich Misterbianco bezog das Regiment

Stellung und unterstand von nun an als Divisionsreserve der Panzerdivision Hermann Göring. General Conrath konnte diese Zufuhr an Infanteriekräften gut gebrauchen.

Nur wenig später traf auch das zweite Bataillon — von allen schon abgeschrieben — bei Misterbianco ein. In einer abenteuerlichen Odyssee hatte sich das Bataillon von den Highländern gelöst und aus Francofonte abgesetzt.

Hauptmann Günther, der Bataillonskommandeur, war mit der Nachhut, einem Zug der 13. Kompanie, in Gefangenschaft geraten. Er hatte den Rückzug des Bataillons abgeschirmt, und es war ihm nicht mehr gelungen, sich rechtzeitig aus der Umklammerungsoperation des Gegners herauszuziehen. Oberleutnant Magold, der Kompanieführer der 13. Kompanie, teilte mit ihm dieses Schicksal. Aber für das Bataillon hatten sie den Weg in die Freiheit ermöglicht.

Während General Montgomery sich verzweifelt darum bemühte, den Durchbruch in die Catania-Ebene zu erzwingen, um als erster in Messina zu sein und den Ruhm des Siegers zu ernten, kämpfte die 7. amerikanische Armee unter General Patton im Westteil der Insel.

Die 45. amerikanische Division unter General Omar Bradley überwand die Höhe 573 und erreichte am Abend des 17. Juli Caltanisetta, obgleich er am 14. Juli, bei Vizzini stehend, auf die dringenden Vorstellungen Montgomerys hin wieder zur Küste zurückgegangen war und erneut von dort aus antreten mußte.

Doch jetzt war die amerikanische 1. Division der 45. I. D. voraus und stand bereits am 19. Juli vor Enna, das am 20. Juli genommen wurde.

Zur gleichen Zeit hatte General Leese, der Kommandeur der 1. kanadischen Division (8. Armee), bereits Caltagirone erobert, während General Dempsey am Simeto festlag. Alles deutete darauf hin, daß Montgomery den Siegeslorbeer für sich und seine 8. Armee einheimsen wollte. Doch die fünf Bataillone deutscher Fallschirmjäger standen vor diesem Lorbeer und verwehrten dem britischen Heerführer, ihn zu erreichen.

Die 2. amerikanische P. D. stieß zusammen mit der 3. I. D. von Agrigento nach Nordnordwesten vor, mit der Absicht, Palermo zu nehmen und den Westteil der Insel völlig abzuschneiden.

Der Kommandant von Palermo, ein italienischer Generalleutnant, kapitulierte am 22. Juli, ohne daß die Besatzung der Festung auch nur einen Schuß abgefeuert hätte. Einen Tag später erreichte die 45. I. D. die Küste bei Termini.

Von Palermo aus ließ General Patton, der sich bei der schnellen 2. P. D. befand, seine

Truppen nach Südwesten auf Marsala vorstoßen, während die 3. Division unter General Keyes entlang der Südküste, über Porto Empedocle und Sciacca, am gleichen Tage Marsala von Süden erreichte.

Mit einer Vehemenz ohnegleichen hatte General Patton seine Truppen vorwärts gerissen und ganz Westsizilien innerhalb kürzester Zeit in seine Hand gebracht. Der Kampf um die Insel war damit eindeutig nach Norden verlegt worden. Hier, in der zerklüfteten Felsenlandschaft des Mongibello-Massivs, mit dem 3263 Meter hohen Ätna im Süden, mit dem 1587 Meter hohen Monte Castelli südlich Mistretta im Westen und der nach Osten anschließenden Serra del Rei, mit dem 1847 Meter hohen Monte Sori, würde die Entscheidung fallen.

Hier hatten die deutschen Verteidiger Stellungen vorbereitet, auf die sie sich zurückziehen würden, wenn es den Alliierten gelingen sollte, die Simeto-Dittaino-Stellung zu durchbrechen.

Was aber war von deutscher Seite geschehen, die Insel zu halten, oder — nachdem sich dies als undurchführbar herausgestellt hatte — die Truppen rechtzeitig zu evakuieren?

Generalfeldmarschall Kesselring war nach seiner Rückkehr aus Enna — dem Sitz des italienischen AOK 6 unter General Guzzoni — direkt zum Comando Supremo nach Rom gefahren und hatte von Mussolini und dann auch aus dem Führerhauptquartier die Zustimmung zu seinem Sizilien-Plan erwirkt.

Dieser Plan sah vor, die auf Sizilien stehenden deutschen Divisionen auf die Ätna-Stellung zurückzuziehen und sie einem deutschen Generalkommando zu unterstellen. Eine weitere Panzergrenadier-Division wurde aus Kalabrien auf die Insel nachgezogen. Es war die aus den Resten der bei Stalingrad verbluteten 29. I. D. neu wieder aufgestellte 29. Panzergrenadier-Division unter Generalleutnant Fries. Die Division erhielt den Befehl, den Nordwestteil der Verteidigungslinie zwischen der 15. Panzergrenadier-Division und dem Meer zu übernehmen. Es war dies die Linie San Stefano—Nicosia.

General Hube, Kommandierender General des XIV. Panzerkorps, wurde von Feldmarschall Kesselring zum Wehrmachts-Befehlhaber Sizilien ernannt. Alle auf Sizilien stehenden Truppen wurden ihm unterstellt.

Die deutschen Stellungen hatten sich gefestigt. Nun, nachdem feststand, daß von den italienischen Truppen keinerlei Unterstützung mehr zu erwarten war — sie hatten sich größtenteils schon gefangen gegeben —, wußten die deutschen Truppenführer genau, was zu unternehmen war.

Wenn jetzt kein Durchbruch der Engländer am Simeto erfolgte, dann war es möglich, die von General Hube persönlich erkundete und vorgeschlagene Ätna-Stellung rechtzeitig in den bestmöglichen Verteidigungszustand zu versetzen, sich schrittweise darauf zurückzuziehen und dort so lange zu verteidigen, bis alle rückwärtigen Dienste und alle überflüssigen Waffen auf das Festland übergeführt worden waren.

Dann konnte die kämpfende Truppe Zug um Zug aus dem sich mehr und mehr verengenden Kessel nachgezogen werden. Dieser Kessel mußte dann von allen verfügbaren Flakgeschützen mit einem dichten Gürtel von Geschützen umgeben werden, der jedem Angriff des Gegners zu trotzen imstande war und der darüber hinaus in der Lage war, die Übersetzungen und den Fährverkehr vor der alliierten Luftwaffe zu schützen.

## XVII.

„Meine Herren, ich befehle nunmehr den Angriff mit allen Mitteln. Aus unserem erweiterten Brückenkopf heraus muß es möglich sein, mit der 50. I. D. und der 23. Panzerbrigade, die ja neu aufgefüllt ist, durchzukommen.

Die deutschen Fallschirmjäger sind ohne Schwere Waffen. Sie haben keine Panzer und sind in einer gewaltigen Minderzahl. Was sollte unsere Tanks jetzt noch aufhalten können?"

General Dempsey hatte mit eiskalter Entschlossenheit gesprochen. Der Kommandeur der britischen 8. Armee hatte den Generalangriff befohlen. Alles war vorbereitet. Nun war es an ihnen, die entscheidende Bresche zu schlagen.

„Was ist mit dem XXX. Korps, General?"

„Das XXX. Korps hat Befehl, zum Sturm auf Paterno vorzustoßen. Dadurch wird es unseren Angriff hier unterstützen. Was direkt hier zu tun ist, müssen wir selber erledigen."

„Und die 5. Division, Sir?"

„Die 5. Division wird links auf der Flanke direkt auf Misterbianco vorstoßen. Sie tritt zur gleichen Zeit an wie wir. Damit ist unsere Angriffsfront auf das Dreifache verbreitert. Und da auch die 1. kanadische Division in Richtung auf Leonforte und Adrano antritt, werden wir mit vier Divisionen stürmen."

„Dann schaffen wir es diesmal, Sir."

General Lathbury räusperte sich. Als Dempsey ihm zunickte, stand er auf und ging nach vorn zur Karte.

„Unterschätzen wir die deutschen Fallschirmjäger nicht. Gewiß, sie haben keine Panzer. Aber sie sind es gewöhnt, ohne Schwere Waffen zu kämpfen. Sie haben sich außerdem in einem für die Verteidigung außerordentlich günstigen Gelände eingenistet. Wir werden schwer an ihnen zu beißen haben."

General Lathbury deutete die deutschen Stellungen an der Karte an, und die Offiziere sahen, daß überall dort, wo die Panzer nicht vorrollen konnten, die Widerstandsnester eingebaut waren, die die eigene Infanterie halten würden. Der mahnenden Stimme des Fallschirmjäger-Generals konnten sich die übrigen Kommandeure nicht verschließen. Das, was der General hier gesagt hatte, war als ernste Mahnung gedacht, nicht zu siegessicher zu sein.

„Kommen wir zum Schluß: Das Trommelfeuer beginnt um 17.30 Uhr. Angriffsbeginn ist 20.15 Uhr. Es muß für uns eine Sache der Ehre sein, durchzukommen. Die Flugplätze in der Ebene von Catania sind für uns alle die wichtigsten Ziele, die es geben kann.

Jeden Tag, den wir dieses Ziel eher erreichen, erspart uns viele Menschenopfer. Sobald unsere Luftwaffe in der Lage ist, diese Flugfelder zu benutzen, werden unsere Truppen auf Sizilien bessere Unterstützung erhalten. Wir werden dann in der Lage sein, unsere Luftoperationen gegen das feindliche Hinterland zu forcieren und alles für eine Landung auf dem italienischen Festland vorzubereiten. Das ist es; nicht mehr und nicht weniger."

General Dempsey machte eine Pause. Er sah die Entschlossenheit auf den Gesichtern der Kommandeure und schloß:

„Kämpfen Sie! Kämpfen Sie so, wie es die Deutschen uns gegenüber tun. Sie — meine Herren — haben die stärkeren Waffen, Sie haben die große Überzahl an Soldaten und die Unterstützung von See her. Nützen Sie Ihre Chancen und marschieren Sie!"

Als das Geschützfeuer sich verstärkte, sah Theo bedeutungsvoll zu Poppek hinüber.

„Was habe ich dir gesagt? Die kommen am Abend." Poppek drehte den Verschluß seiner Feldflasche los und nahm einen Schluck. Er hatte die Feldflasche noch nicht wieder abgesetzt, als es abermals heranheulte. Sie drückten sich auf die Sohle ihres MG-Standes und ließen den brüllenden Katarakt aus Stahl über sich hinweggehen. Die englischen Granaten schlugen das Gelände in Stücke.

Als das Feindfeuer dann auf ihre Stellungen an der Flanke des „Panzergrabens" einschwenkte, war ihnen, als schwanke die Erde. Das Getöse machte sie fast taub. Weiter rechts von ihnen schmetterten zwei Volltreffer kurz hintereinander in einen Kampfstand des zweiten Zuges und löschten alles Leben aus.

Ihre Stellungen verwandelten sich in eine Hölle. Rufe nach dem Sanitäter gellten durch den Abend und überschrien manchmal sogar das Getöse des Kampfes. Verzweifelte Schreie nach Wasser und nach Hilfe gellten. Sie aber lagen in ihren Löchern und konnten niemandem helfen. Sie waren zur Untätigkeit — und vielleicht zu Schlimmerem — verdammt.

Als das Feuer zurückverlegte, atmeten sie auf und sahen sich dabei bedeutungsvoll an. Jetzt kam der Gegner.

Eine Minute später hörte Theo das Grollen

der Panzermotoren, das sich von Sekunde zu Sekunde verstärkte und in dem das Gepeitsche der Maschinenwaffen unterging.

„Da sind sie schon wieder!"

„Warum feuert die Pak denn nicht?"

„Wollen wohl Munition sparen."

Die an der Spitze rollenden Panzer schwenkten plötzlich scharf herum, als sie von halbrechts Flankenfeuer bekamen. Zwei von ihnen brannten unter den Treffern der Achtacht auf; die anderen aber rollten jetzt direkt auf die Flankenstellung zu. Schon konnten sie im Gefechtsstand das Rasseln der Ketten deutlich hören. Der Gestank siedenden Öls trieb ihnen erstickend entgegen.

„Jetzt können wir unsere neuen Panzerfäuste probieren."

„Hast du noch andere Sorgen, Theo?"

„Taschenausgabe eines Pakgeschützes. Wenn wir wenigstens genug davon hätten, um richtig 'reinhalten zu können."

Als der Spitzenpanzer bis auf sechzig Meter herangekommen war, richtete sich Theo hinter seiner Deckung auf. Er sah die Feuerzungen der MG-Salven aus den Schießschlitzen des stählernen Ungetüms herauslecken. Dann blieb der Panzer stehen und feuerte eine Sprenggranate auf ein MG-Nest in der Nähe.

„Schieße mit Panzerfaust!" warnte Theo.

Er visierte über die grobe Visiereinrichtung und hielt etwas höher, wie sie ihm geraten hatten. Dann drückte er ab.

Eine fünf Meter lange Flamme zischte nach hinten aus dem Rohr, und Theo sah, wie der Sprengtopf in den Abend hineingeschleudert wurde. Es knallte zwischen Unterwagen und Turm gegen den Panzer. Eine Sekunde lang geschah nichts. Dann knallte es trocken, und gleich darauf blaffte eine zehn Meter hohe Stichflamme aus dem Luk des Panzers in die Höhe.

„Getroffen! Mensch, Theo, du hast getroffen!"

Gleichzeitig schossen drei, vier Kameraden ihre Panzerfäuste ab — die ersten, die sie je zu Gesicht bekommen hatten.

Zwei weitere Feindpanzer blieben brennend liegen. Die übrigen drehten nach Nordosten ab.

„Ratatatata!"

Koddebuschs MG spie einen gelben Flammanfaden aus. Der Gegner, der im Schutze der Panzer näher gekommen war, ging in Deckung. Sekunden später feuerte auch Theo. Und gleich ihnen beiden feuerten nun alle eingebauten MG des Zuges.

Mitten im Vorwärtsschwung erstarrte die feindliche Angriffswelle. Eine Schnellfeuerkanone begann zu bellen. Dann setzten die Schweren MG der Spähwagen ein, die in wahnsinnigem Tempo die Piste traversierten und in dem von Flammen zuckenden Abend verschwanden, der langsam in die Nacht überging.

„Da kommen sie durch!"

Oberfeldwebel Wegleitner, der neben ihnen im Loch lag, deutete zur Seite. Im grellen Licht einiger Leuchtkugeln erkannten sie die vorprellenden Gegner.

Auf Schützenpanzerwagen, auf Mannschaftswagen und auf Panzern aufgesessen, drängten die Männer der 50. britischen I. D. westlich der Straße in einem schmalen Stoßkeil vor.

„Hier Kampfgruppen-Kommandant: Das MG-Bataillon riegelt den Einbruch des Gegners ab. Es hält die Stellung, bis die Reserven zum Gegenstoß antreten und den Gegner werfen."

Major Schmidt, der die Führung des MG-Bataillons wieder übernommen hatte, zögerte keine Sekunde. Die Meldung, die von dort zu ihnen kam, wo der Gegner eingebrochen war, lautete nicht eben günstig. Wenn sie nicht schnell abriegelten, würde der Gegner durchstoßen. Das aber mußte verhindert werden. Es mußte darüber hinaus verhindert werden, daß der Gegner durch diesen Durchbruchsschlauch weitere Kräfte nachzog, den Schlauch damit ausweitete und dann auf breiterer Front erneut antrat.

Die Kompaniechefs wurden zum Bataillonskommandeur befohlen. In kurzen Worten umriß Major Schmidt die Lage und erteilte den Kompanieführern die Befehle. Wenige Minuten später brachen die Kompanien mitten im Feindfeuer zu ihren Aufgaben auf.

„Erster Zug stößt durch den Keil des Gegners hindurch und erreicht die Höhe 87. Zweiter Zug sichert die Höhe 90. Dritter Zug geht diesseits des feindlichen Stoßkeiles in Stellung."

Sie hatten die Flanke dieses britischen Stoßkeiles erreicht, der sich nach Norden zu vorwärts schob. Panzer rollten im Verband der Engländer. Wo ihnen aus den einzelnen noch kämpfenden deutschen Widerstandsnestern und von der rechten Flanke Feuer entgegenschlug, dorthin feuerten die Panzer ihre Sprenggranaten und brachten diese Widerstandsnester zum Verstummen.

Deutsche Geschütze feuerten von den Höhen rechts des Angriffskeiles. Zuerst waren es zwei britische Panzer, dann aber wurden es mehr und mehr, die brennend den Weg dieses Stoßkeiles säumten.

Doch die 23. britische Panzerbrigade wollte es diesmal wissen. Alle Panzer, die zur Verfügung standen, wurden bei diesem Angriff eingesetzt. Sie stürmten vor, um den Durchbruch um jeden Preis zu erzwingen. Diese Taktik schien auch Erfolg zu bringen, denn schon hatten sie westlich der Piste einen Einbruch in die deutsche Abwehrfront erzielt und waren eben dabei, dort beim Einbruch nachzustoßen und die Abwehrfront restlos auseinanderzureißen und den Gegner von der Flanke her aufzurollen.

„Sprung auf maaarsch!"

Der erste Zug schnellte in die Höhe und raste dem Gegner entgegen. Die MG-Schützen feuerten im Vorlaufen von der Hüfte aus auf die Flammenfäden, die ihnen entgegenschlugen.

Als Theo den britischen Kommandowagen erkannte, als er sah, wie die MG-Salven aus den beiden MG des Wagens hinauszischten, warf er sich zu Boden. Krachend landete Poppek neben ihm. Theo schob das MG nach vorn.

Hinter sich hörte er einen schweren Fall. Es war einer der Kameraden, der von einem Feuerstoß getroffen worden war. Rechts feuerte Koddebusch auf eine Gruppe Gegner, die im Sprung aus ihrer Deckung nach vorn strebten. Dann feuerte auch Theo.

Sein Feuerstoß schlug gegen die leichte Panzerung des Kommandowagens. Jäh schwenkte das MG-Feuer auf ihn ein und zwang ihn, Poppek und Bröckelmann in volle Deckung.

Hinter ihnen schlugen die MG-Salven gegen einen Felsen, und die Geschosse zwitscherten gellend zur Seite. Dann vernahmen sie einen harten Einschlag und kurz darauf eine heftige Explosion. Das MG-Feuer verstummte, und, nach vorn spähend, sahen sie den britischen Kommandowagen in eine grelle Benzinflamme gehüllt. Gestalten — auch sie brennend — sprangen aus dem Wagen heraus und wälzten sich auf dem Boden, um die Flammen zu ersticken.

„Da, der Zugführer!"

Sie erkannten die Gestalt von Oberfeldwebel Wegleitner, dessen Arm hochstieß und sie rief.

Wieder rannten sie um ihr Leben. Sie befanden sich jetzt mitten im britischen Stoßkeil. Feuer schlug ihnen von allen Seiten entgegen, und sie feuerten im Laufen zurück. Sie schleuderten Handgranaten und schossen aus ihren MPi.

Der Schwung des Gegners erlahmte, um erst wieder einzusetzen, als vier Panzer anrollten, in deren Schutz die in Deckung gegangene Infanterie weiter vorprellte. Das Rasseln der Panzerketten, das Dröhnen der schweren Motoren machte den Lärm noch dichter. Drei Meter neben Theo rollte einer dieser Panzer vorbei. Der Gestank der Auspuffgase benahm ihm fast den Atem. Und er hatte keine Sprengmittel dabei.

Dann hatte der Zug den Fuß des Hügels erreicht. Feuer schlug ihnen von der Kuppe entgegen und zwang sie abermals in Deckung.

„Das sind welche von uns. MG-42. Los, ES schießen!"

Oberfeldwebel Wegleitner hob die Leuchtpistole und schoß das Erkennungssignal. Der Doppelschuß Grün zischte in den Nachthimmel empor, schwebte sekundenlang über dem britischen Stoßkeil und platzte dann in viele Sterne auseinander. Das MG-Feuer verstummte, und als es wieder einsetzte, waren die MG wieder auf die Engländer gerichtet, die hier entlang vorgingen.

„Ihr habt vielleicht einen sonnigen Humor", krächzte Theo, als er die Kuppe des Hügels erreicht hatte.

„Ihr hättet ja eine Karte schicken können, damit wir auf so hohen Besuch eingerichtet waren. Wir hätten euch bestimmt mit ein paar Ehrenjungfrauen abgeholt", antwortete einer der Männer hinter dem zunächst liegenden MG.

„Was seid ihr denn für ein Haufen?" fragte Feldwebel Wegleitner, während die MG des Zuges in Stellung gingen.

„Leutnant Friedrichs mit Teilen der dritten Kompanie, Fallschirm-Pionier-Bataillon", fiel eine Stimme ein. Dann tauchte auch die Gestalt des Sprechers auf.

„Oberfeldwebel Wegleitner mit dem ersten Zug, Fallschirm-MG-Bataillon 1. Wir haben Auftrag, hier in Stellung zu gehen und den Stoßkeil des Gegners abzuklemmen, Herr Leutnant."

„In Ordnung, Wegleitner. Kann mir nichts Beseres passieren. Aber machen Sie hin, sonst sind die Tommys in Catania, ehe wir hier anfangen."

Als der MG-Zug das Feuer eröffnete, als seine MG in das Schnattern der anderen MG und das Ploppen der Werfer einfielen, hörten sie, wie weit im Norden das Feuer zu einem tosenden Inferno anschwoll. Dort war anscheinend die Spitze des feindlichen Stoßkeiles auf die deutsche Auffangstellung geprallt.

„Endlich halten sie!" stellte Theo erleichtert fest.

„Durch das Feuer kommt keine Laus lebend hindurch."

Im Norden wurde die Nacht von den vielen zuckenden Blitzen der Mündungsfeuer erhellt.

„Der Gegenstoß rollt!"

Theo sah von Süden her ein paar britische Schützenpanzer anrollen. Im ungewissen Licht des Feuers und der Leuchtfallschirme sah er auch, wie der dritte Zug am jenseitigen Rand des Stoßkeiles zu feuern begann. Dann war auch bei ihnen der vorderste SPW in Schußweite gekommen. Theo krümmte den Zeigefinger durch. Der gelbglühende unendliche Faden der Geschosse flitzte dem SPW entgegen. Die Engländer sprangen ab und gingen in Dekkung, und die nachfolgenden SPW wichen zur Seite aus.

Sie wurden von der Flanke beschossen und spien die Soldaten aus, die sich ebenfalls in Deckung warfen. Das Duell war entbrannt, und mit letztem Einsatz versuchten beide Seiten, den Sieg zu erringen.

Die Engländer wußten nur zu genau, daß sie schnell Entsatz und Nachschub nach vorn bringen mußten. Und die deutschen Verteidiger wußten ebenso, daß sie diesen Entsatz nicht durchkommen lassen durften.

Panzer rollten vor, blieben feuernd stehen und ruckten wieder an. Flakgeschütze feuerten. Die vordersten Panzer blieben liegen. Diese Stelle des Stoßkeiles hatte sich binnen weniger Sekunden nach der Feuereröffnung durch den MG-Zug in eine vom feinmaschigen Flechtwerk der Geschoßbahnen übersponnene Hölle verwandelt.

Der dumpfe Knall der Achtacht rumpelte durch die Nacht. Dazwischen wummerten die Panzerkanonen, knallten die Pakgeschütze und krachten die Detonationen der Treffer. Das helle Geknatter der Bofors-Schnellfeuerkanonen auf den SPW der Briten und das Geratter der MG hallte dazwischen. Und immer wieder kamen die grauen Mäuse der Werfergeschosse aus dem britischen Brückenkopf herübergehopst und detonierten auf der Höhe.

Scheinwerfer blitzten auf, strichen mit ihren schmalen Fingern über die Hügel hinweg und erloschen wieder, ehe die MG sie aufgefaßt hatten. Drei Feindpanzer schwenkten von ihrem Nordkurs ab und rollten mit mittlerer Fahrt der Höhe entgegen. Ihre Kanonen spien in immer gleichen Abständen die Mündungsfeuer aus, und die Granaten schlugen dicht unterhalb der Verteidiger in den Fels. Sträucher, Felsen und glühender Stahl wirbelten durch die Luft.

„Die haben es auf uns abgesehen. Sie wollen uns ausräuchern."

Der vorderste Panzer, der eben eine schräge Felsplatte erreicht hatte und wie ein träger Käfer daran emporkroch, blieb stehen. Eine Granate verließ sein Rohr, und das Geschoß heulte unmittelbar über Theo hinweg und schlug genau in eines der MG-Nester auf der Kuppe ein.

In dem Augenblick aber, als der Panzer weiterrollen wollte, erhielt er einen Treffer von der Achtacht auf der gegenüberliegenden Seite des Tales in den Motor. Eine grelle Flamme stieß aus dem Motor in die Höhe. Der zweite Treffer riß ihm den Turm aus dem Drehkranz. Polternd stürzte der Turm auf die Felsplatte. Dann schlugen Flammen aus dem Innern in die Höhe.

„Achtung, dort drüben!"

Aus dem Felsengewirr schräg unter ihnen tauchten ein paar Gestalten auf. Theo riß das MG herum und feuerte. Doch der Gegner war schon wieder im Gewirr der Felsen untergetaucht.

Das Hämmern der Waffen vorn an der Spitze des Einbruches wurde von Minute zu Minute stärker. Es kam näher, das konnte Theo genau feststellen, und das bedeutete doch ...

„Wir drücken sie zurück!"

Ja, kein Zweifel war möglich. Die Feindspitze war auf die Reserven der Kampfgruppe Walther gestoßen. Und die Reserven drückten den Gegner Schritt um Schritt wieder in die Ausgangsposition zurück. Gleich würden sie wieder hier auftauchen.

„Aufpassen!"

Im weiten Halbkreis war der Gegner um die Höhe herum zum Angriff angetreten. Er hatte festgestellt, daß der Nachschub für seine

Kampfeinheiten von dieser Stelle aufgehalten wurde. Nun wollte er dieses deutsche Widerstandsnest auf der Höhe vernichten, ehe seine Panzer völlig isoliert vorn standen und einzeln zerschlagen wurden.

Verstärkungen rollten heran. Immer mehr Engländer stürmten den Hügel empor. Das Tal dröhnte vom Gehämmer der Waffen. Schemenhaft sah Oberfeldwebel Wegleitner den Gegner die Höhe anrennen. Immer mehr Engländer tauchten auf. Die MG feuerten auf jeden der Schatten. Aber der Gegner gewann mehr und mehr an Boden.

Als Alois Wegleitner eine Gruppe halbrechts, keine fünfzig Meter unter sich, auftauchen sah, riß er seine MPi hoch und schoß ein ganzes Magazin leer. Klickend schob er den Reservestreifen ein und feuerte wieder.

Eine Eierhandgranate detonierte zwei Meter unter ihm. Dann flog noch eine herauf und fiel Theo direkt vor die Füße. Er griff instinktiv zu und schleuderte sie wieder zurück. Sie detonierte beim Gegner.

Mit ohrenbetäubendem Rattern setzte Koddebuschs MG wieder ein, das wegen einer Hemmung ausgefallen war.

„Los, Theo!" brüllte Poppek und führte einen neuen Gurt zu. Theo zog den Abzug und schickte einen Feuerstoß nach unten. Und um die Kuppe des Hügels und etwas tiefer, in den Felsritzen, blitzte das Feuer auf. Die Werfer ploppten in das Tal. Feuerströme flirrten dem

Angreifer entgegen und rissen ihn von den Beinen. Die ersten wandten sich zur Flucht.

„Pionierzug — — — folgen!"

Theo hörte den Ruf des Leutnants, er sah, wie der Leutnant mit seinen Männern hinter dem fliehenden Gegner hersetzte, sah sie in grotesken Sprüngen bergab sausen. Ein britisches MG peitschte von links her in die vorderste Gruppe der Fallschirm-Pioniere hinein. Theo ließ sein MG herumgehen und hielt in das Mündungsfeuer des Gegners hinein, der wenige Sekunden darauf verstummte. Der englische Angriff auf die Höhe war abgeschlagen.

Dann dröhnten noch einmal die Panzermotoren mit höchster Lautstärke. Es waren die zurückrollenden britischen Panzer, die — vom Feuer der Pak und Flak verfolgt — versuchten, wieder den eigenen Brückenkopf zu erreichen. Sie waren zwei Meilen voraus auf die deutsche Flak- und Paksperre gestoßen und hängengeblieben. Für viele war diese Begegnung mit der raffniert angelegten Sperre zugleich das Ende gewesen. Elf britische Panzer waren vor dieser Sperre liegengeblieben.

Am erbitterten Widerstand der Kampfgruppe Walther war auch dieser Angriff gescheitert. Montgomery hatte hier am Simeto sein Spiel verloren. Seine Angriffstruppen, die den Durchbruch erzwingen sollten, waren dezimiert. Sie waren von der heldenhaften deutschen Abwehr niedergeschlagen. Sie wollten nicht mehr gegen diesen ehernen Verteidigungsschild der deutschen Fallschirmjäger anrennen, an dem alle Pfeile und auch die Speere abgeprallt oder zersplittert waren.

Im Gegenstoß wurde der Gegner wieder in seinen Brückenkopf zurückgedrückt. Die deutschen Fallschirmjäger besetzten wieder ihre alten Stellungen im „Panzergraben", die ihnen vorzügliche Deckung boten.

Die Einbruchsstelle aber zeigte ein wüstes Bild der Vernichtung. Inmitten zerfledderter Pfirsichbäume, in den Apfelsinenhainen und auf dem felsigen Boden, standen die zerschossenen Panzer und Spähwagen; die Selbstfahrlafetten und die Schützen-Panzerwagen. Glosend einige, die anderen schon ausgebrannt; vernichtet.

Gefallene Engländer lagen so, wie die Wucht des Vernichtungsschlages sie zu Boden geworfen hatte. Ein Spähwagen lag wie ein hilfloser aufgespießter Käfer auf dem Rücken. Seine Vorderräder fehlten. Ausrüstungsgegenstände und Waffen, Fahrzeuge und Munition säumten diesen Stoßkeil. Wie vorsintflutliche Eidechsen lagen zerschmetterte, von den Führungsrollen geglittene Raupenketten umher. Benzinkanister waren von den Raupenketten in den Grund eingewalzt worden. Darüber aber standen noch immer die schwarzglosenden Rauchfahnen der brennenden Panzer.

Das Tal war von Granateinschlägen umgewühlt. Die Panzerketten hatten ihre Doppelspuren hineingedrückt, daß es aussah, als könnten diese tiefen Verwundungen niemals mehr vom Antlitz der sizilianischen Erde getilgt werden; als bliebe dies alles so. Für immer. Das Gesicht des Krieges mit seiner Verwüstung und seinem Tode.

„Kinder, Kinder, das war hart auf hart!"

Sie lagen dicht nebeneinander in dem MG-Stand. Vor einer halben Stunde hatten sie Verpflegung gefaßt. Der Großangriff des Gegners war vorübergegangen, und sie waren am Ende ihrer Kraft.

„Das kann nicht mehr lange gutgehen, Theo."

„Bald werden doch alle Männer bei Messina 'rübergekommen sein. Und dann werden wir folgen."

„Und uns folgt der Gegner. Und die ganze Scheiße geht wieder von vorne los. Und so geht es weiter, weiter, weiter!" Oskar Poppek hatte es hervorgestoßen. Er preßte die Fäuste gegen den Kopf, als wolle er ihn am Zerspringen hindern.

„Wenn wir hier nur heil 'rauskommen. Das andere wird sich finden", warf Bröckelmann ein.

„Es wird schon schiefgehen, Kumpels. Wenn wir nur beisammen bleiben. Hier dürfen wir nicht auseinandergerissen werden. Hier müssen wir alle beisammen bleiben, denn einzeln sind wir — nichts."

Sie schwiegen. Über ihnen stand der Morgen hoch und weit, und in ihrem Herzen spürten sie den Widerhall der Worte des Kameraden. Daß sie hier herauskamen, das wünschten sie alle. Und in ihnen war das Gefühl, daß es nicht anders sein konnte, daß sie es schaffen mußten.

Vorsichtig bewegten sich die Sankas nach vorn. Sanitäter huschten durch das Tal, um die Verwundeten zu bergen. Für kurze Zeit schwieg die Front in der Agonie der Totenstarre. Nur die schweren Geschütze sandten ihre Granaten über weite Distanzen hinweg aufeinander. Für sie gab es keine Pause, sie feuerten.

Der Durchbruch des Gegners hier nördlich des Simeto war mißlungen. General Montgomery schrieb später über diesen entscheidenden Durchbruchsversuch:

„In der Nacht vom 17. zum 18. Juli setzte die 50. Division und die 23. Panzerbrigade zu einem Vorstoß in nördlicher Richtung an. Der Feind leistete entschlossenen Widerstand, und wir vermochten infolge der wütenden Gegenangriffe nichts auszurichten."

In diesen wenigen Worten ist der Kampf der deutschen Fallschirmjäger gekennzeichnet. Sie standen am Simeto, sie hielten und bereiteten dadurch die Rettung aller anderen Männer vor, die an der Straße von Messina 'rüberkamen und das italienische Festland erreichten.

## XVIII.

„Meine Herren, eines ist einwandfrei erwiesen. Wir werden hier nördlich des Simeto nicht durchkommen. Die uns gegenüberliegenden Truppen sind von unvorstellbarer Härte. Wenn wir uns weiter daran klammern, hier den Durchbruch auf Catania erzwingen zu wollen, werden sich unsere beiden Einheiten, die hier im Brückenkopf stehen, ausbluten."

General Dempsey hatte das ausgesprochen, was alle Truppenführer des XIII. Korps insgeheim fürchteten. Und daran, daß auch General Montgomery zustimmend nickte, erkannten sie, daß er ebenfalls dieses Argument anerkannte.

Das energische Gesicht des Oberkommandierenden der 8. Armee trug einen verbissenen Zug. Die beiden Falten, die sich von den Nasenflügeln zu den Mundwinkeln hinunterzogen, waren tiefer eingekerbt denn je. General Montgomery ging zur Karte.

„Die Lage ist klar. Wir müssen den Angriff auf dem Nordflügel einstellen und uns hier am Simeto allein auf das Halten des Gegners beschränken. Wir müßten hier viel zuviel einsetzen, wenn wir gegen die deutschen Fallschirmjäger zum Zuge kommen wollen.

Die Armee wird jetzt auf dem linken Flügel angreifen. Catania muß aus unserem Operationsprogramm ausgeklammert werden."

„Wenn wir dann noch vor den Amerikanern in Messina sein wollen, heißt es, sich zu beeilen, Sir. General Patton ist auf dem besten Wege, uns zu überholen."

„In der Schlacht um den Ätna werden wir die Entscheidung herbeiführen", sagte General Leese.

„Kommen wir zum Operationsplan:

Die 5. Division wird weiter westlich über den Simeto setzen und Misterbianco nehmen, während die Highlanders über den Dittaino gehen und den Flugplatz Gerbini erobern. Leese, Sie müssen Leonforte nehmen, und die 231. Brigade wird mit Stoßrichtung auf Agira operieren.

Gelingt es uns, diese Ziele zu erreichen, haben wir alle Ausgangspunkte in der Hand, um vom linken Flügel aus in den Rücken der Catania-Front zu gelangen."

Damit war die Entscheidung in einer Prestigefrage gefallen. General Leese aber meldete sich abermals zu Wort:

„Durch diese Umstellung sind unsere Divisionen auf einem bedeutend breiteren Frontabschnitt eingesetzt, Sir. Es wäre angezeigt, Reserven an den geschwächten Stellen einzusetzen."

„Meine Herren, die 78. Infanteriedivision wird noch heute in Nordafrika in Marsch gesetzt werden. Es ist eine unserer Elitedivisionen, die im Gebirge um Tunis und am verfluchten Longstop gezeigt hat, daß sie im Gebirge zurechtkommt. Dies hier ist die richtige Aufgabe für sie."

„Soll sie im Bereich der Highlanders eingesetzt werden, Sir?"

„Nein! Die 78. I. D. wird bei Centuripe über den Dittaino setzen. Gelingt es ihr, die Höhe 735 — und damit den Ort Centuripe — zu nehmen, dann liegt der Weg nach Adrano offen vor uns."

„Zuerst müßten sie aber Catenanuova haben, das ja davor liegt, Sir."

„Das dürfte nicht schwerfallen. Die Nachrichtenabteilung hat durch Funküberwachung herausgekriegt, daß dort nur ein deutsches Festungsbataillon verteidigt."

„Die Bewegungen des 1. Bataillons des Fallschirmjäger-Regimentes 3 deuten aber ebenfalls darauf hin, daß es sich mit diesem Festungsbataillon vereinigen will, um das Dittaino-Tal bei Catenanuova zu sperren, Sir."

„Da müssen wir ihnen eben zuvorkommen. In der Schnelligkeit liegt unsere Chance, die wir diesmal nützen müssen."

„Ostwärts dieser Einheit liegt die Panzerdivision Hermann Göring. Auch diese Division ist wieder kampfstark genug geworden."

„In den Bergen ist jede Panzerdivision behindert und nicht besonders zu fürchten. Außerdem sollten wir nicht immer daran denken, wie stark der Gegner ist. Denken wir lieber daran, wie stark wir sind."

Die Besprechung nahm ihren Fortgang, und während hier die Truppenführer noch berieten, wurde die 78. Infanteriedivision schon aus Afrika übergeflogen, um den Hammer zu verstärken, mit dem General Montgomery gegen die deutschen Stellungen schmettern und das Tor zur Festung Europa öffnen wollte.

Während südlich Catania die Kampfgruppe Walther das britische XIII. Korps hielt, kämpfte das Fallschirmjäger-Regiment 3 unter Oberst Heilmann gegen den westlichen Stoßkeil der Engländer. Die Briten wurden in harten Kämpfen gehalten.

Alle Teile der nach Sizilien übergeführten Fallschirmjäger-Division 1 unterstanden jetzt dem Befehl von General Conrath. General Heidrich, ihr Befehlshaber, hatte von General Hube den wichtigen Auftrag erhalten, an die Südspitze Kalabriens überzusetzen und dort die Aufnahme der ans Festland übergeführten Truppen zu sichern und sie in den Verteidigungsring einzubauen.

Die 78. britische I. D. trat zum Angriff auf Centuripe an. Aber erst am dritten August erreichte sie ihr Ziel. Es gelang ihr erst dann, den Ort zu nehmen, als alliierte Bomberverbände mehrfach ihre Bombenteppiche geworfen hatten. So lange hielt das Bataillon II des 3. Fallschirmjäger-Regimentes die Division fest.

Nach dem Fall von Centuripe aber war Adrano bedroht. Damit geriet gleichzeitig die deutsche Hauptstellung am Ätna in Gefahr.

Gelang dem Gegner dieser Vorstoß, dann wurde die Kampfgruppe Walther, die noch immer nördlich des Simeto hielt, eingekesselt.

General Hube beschloß daraufhin, die Kampfgruppe Walther zurückzunehmen.

Als die 5. britische I. D. im Raum der Kampfgruppe Walther in der Nacht zum 4. August zum Angriff antrat, kämpfte die Kampfgruppe hinhaltend und überließ dem Gegner bis zum Nachmittag des 5. August sieben Kilometer des Geländes, das sie wochenlang verteidigt hatte. Südlich Catania lieferte die Kampfgruppe der 50. britischen I. D. noch einmal ein erbittertes Gefecht. Wieder zeichnete sich das MG-Bataillon besonders aus. Die Gruppe Reuyter hielt einen wichtigen vorgeschobenen Stützpunkt so lange, bis sich selbst die Nachhuten vom Gegner gelöst hatten. Erst dann kämpfte auch sie sich zu den eigenen Linien durch. In der Nacht zum 6. August wurde dann Catania aufgegeben, und am anderen Morgen erreichten schnelle britische Truppen Paterno.

In dieser Situation, wo jede versäumte Stunde die Gefangennahme kampfkräftiger Einheiten bedeuten konnte, befahl Feldmarschall Kesselring den Rückzug der Kampftruppen über die Straße von Messina auf das italienische Festland.

Die Kampfgruppe Walther, die sich nach dem Fall von Catania mit der Kampfgruppe Schmalz vereinigt hatte, ließ die stürmisch nachdrängende 50. britische I. D. nicht zur Entfaltung kommen. Dieser entscheidende Widerstand bewirkte, daß die deutschen Einheiten in den Nächten über die Straße von Messina aus dem immer mehr zusammenschrumpfenden Brückenkopf ans Festland übergeführt werden konnten.

In der Nacht zum 16. August versuchte General Montgomery noch einmal, mit der 2. Commandoabteilung im Rücken der Kampfgruppe Walther bei Ali Marina zu landen und die Kampfgruppe, die seinen Sieg verhindert hatte, abzuschneiden und zu vernichten; aber vergebens.

Was niemand vorher zu prophezeien gewagt hätte, das trat ein. Die deutschen Kampfdivisionen konnten das Festland erreichen.

Als General Patton (dies war eine der großen Überraschungen des Sizilien-Feldzuges) am 17. August an der Spitze seiner schnellen dritten Division als erster in Messina einrückte, waren die deutschen Truppen bereits in Sicherheit.

Im letzten Fahrzeug, das im Morgengrauen von der Insel ablegte, war General Hube, der die Insel als letzter verließ.

Innerhalb von 38 Tagen hatten die Alliierten die Insel erobert. Sie verloren bei diesen Kämpfen 20 000 Mann, während 32 000 Deutsche entweder getötet, verwundet oder vermißt waren. Die Zahl der Italiener, die auf Sizilien in Gefangenschaft gingen, bezifferte sich auf 127 000 Mann. Von ihnen hatten die wenigsten gekämpft.

Das Tor zur Festung Europa war aufgestoßen worden. Die alliierten Truppen standen auf dem Sprung ans Festland. Ihnen aber würden sich die Einheiten entgegenstellen, denen Hauptmann Stangenberg mit einer Handvoll Männer an der Primasole-Brücke über den Simeto den Rückweg offengehalten hatte. Diesen Rückweg, den die Kampfgruppe Walther drei Wochen lang gegen eine erdrückende Übermacht gehalten hatte.

Sizilien war gefallen. Und General Montgomery schrieb zurückblickend den folgenschweren Satz:

„Am härtesten umkämpft war die Primasole-Brücke."

Und wenn er auch nicht schrieb, daß hier seiner 8. Armee der Hemmschuh angelegt wurde, so war es doch so gewesen.

Der Kampf der Roten Teufel gegen die Grünen Teufel war zu einem Erfolg der deutschen Fallschirmjäger geworden, der um so höher zu bewerten war, als auch der Gegner mit letztem Einsatz gekämpft hatte.

Aber der Krieg war noch nicht zu Ende. Die Kriegsfurie raste weiter. Noch einmal mußten die Fallschirmjäger in den Feuerofen der Vernichtungsschlacht gehen. Noch einmal wurden sie von der Wucht der alliierten Kriegsmaschinerie zerschmettert. Bis endlich auch für sie das bittere — und dennoch heiß ersehnte — Ende dieses fürchterlichsten aller Kriege kam.